U0110895

鑑賞系列
6

錢幣

鑑賞與收藏

●吳雄勝 蔣科 著

品冠文化出版社

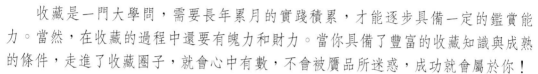

前　言

　　收藏是一門大學問，需要長年累月的實踐積累，才能逐步具備一定的鑑賞能力。當然，在收藏的過程中還要有魄力和財力。當你具備了豐富的收藏知識與成熟的條件，走進了收藏圈子，就會心中有數，不會被贋品所迷惑，成功就會屬於你！

　　錢幣收藏也不例外，錢幣和其他古董一樣，有普通的，有珍稀的，有真的，有假的，有幾元的，也有幾千元乃至上萬元的，這些都要靠你的慧眼去識別。

　　歷朝歷代流通貨幣涉及面很廣，它反映了當時政治、經濟、軍事、地理、冶煉、文化等方方面面的知識，承載著中華民族幾千年的文明史。普通錢幣和罕見錢幣有著同樣的歷史價值，都能帶給你知識和快樂。

　　如西漢王莽時代的貨幣「大布黃千」「貨布」，市場交易價並不是很高，但當你擁有了它，就會被它精美的工藝、遒勁有力的錢文書法所吸引，被我們先人的智慧深深折服！你若是了解、讀懂了它，便會更加深愛它，它也會給你帶來無窮的樂趣。

　　當你在收藏研究錢幣時，目的一定要清楚，不能貪心，更不要輕信對方編造的故事，否則你花巨資買來的藏品有可能只是一堆廢銅爛鐵，沒有任何收藏價值和經濟價值。爲此，建議想走進收藏錢幣圈子的朋友，一定要讀有關錢幣類的收藏知識讀物，多看，多研究，多問身邊的行家，才能一步一步從外行變爲內行。

　　筆者受安徽科學技術出版社委託編撰《錢幣鑑賞與收藏》一書，爲了使讀者能學有所獲，筆者精心挑選了自己和圈中好友幾十年來的珍稀藏品及有針對性的普通錢幣品種，全部採用彩圖，以１：１的比例展示出來，讓廣大錢幣收藏受好者及行內人士來評鑑。

　　撰書目的有三點：一是盡可能讓初涉者由本書了解中國貨幣演變的大致進程，在收藏過程中對照學習識別錢幣的真偽；二是讓收藏者欣賞品味部分珍稀錢幣品種；三是供專業人士在考古活動中參考論證，作有價值的旁證。

　　書中載錄的漢代圓形圓孔的「無文花錢」，秦代的大型銀質「秦半兩」，南宋的「南康軍錢牌」等，均爲僅見品，也是首次問世。希望本書能爲您的錢幣收藏助一臂之力，並衷心祝願廣大錢幣愛好者在收藏過程中一路走好。

作　者

目　錄

第一章

中國歷代流通貨幣概述

1. 商周

貨幣是隨著人類社會發展，商品交易逐步擴大而出現的產物。最早的原始貨幣出現於殷商時期，以海貝打磨加工穿孔而成，大小一致。人們以「朋」爲計量單位。《詩疏》認爲，五貝爲一朋。一朋爲二系，每系分別爲五個海貝，兩系分掛左右爲「朋」。

由於市場的不斷繁榮，交易的不斷擴大，導致交易過程中自然貝幣匱乏，遠遠滿足不了市場需求。人類便開始加工仿製品，如珧貝、琉璃貝、綠松石貝、骨貝、石貝、陶貝、銅貝等，其中銅貝是貝幣向金屬貨幣過渡的形態。到了商朝時，我國青銅鑄造技術發展到了一個新的階段。東周以後，由刀和農具鏟及紡輪演變過來的鑄幣，如刀幣、布幣、圜錢等逐步取代了自然的海貝幣與仿製幣，成爲參與市場交易的主要貨幣。

2. 秦

公元前221年，秦統一六國後，廢除了貝、刀、布等幣種，以圓形方孔的「半兩」錢作爲全國統一貨幣。這種形制錢幣的外圓代表天，方孔代表地，充分反映了先人「天圓地方」的宇宙觀。每枚「半兩」錢重量爲秦時的半兩，即十二銖。「銖」「兩」是秦時的重量單位，「秦半兩」是重量名稱。中國錢幣以重量爲單位，一直延續到唐代。

3. 漢

漢代的幣制基本延續秦制，大數用黃金，小數用「半兩」。但是漢代「半兩」重量已不是十二銖。高后二年（公元前186年）減爲八銖，我們稱其「八銖半兩」；文帝五年（公元前175年）減爲四銖，我們稱其「四銖半兩」；民間私鑄的「半兩」有的還不到一銖，因其輕薄如榆莢，我們稱其「榆莢半兩」或「莢錢」。

漢文帝時，衰敗的社會經濟開始復蘇，流通貨幣標準化的問題更顯得迫切，使用錢稱可以讓輕重不同的半兩錢得到一個標準的幣值。方型「四銖」錢幣，舊時有人認爲屬砝碼類，但根據實物及出土文物的分析，應是貨幣。圓型的「四銖」鑄造於南朝宋文帝元嘉七年（公元430年）。孝武帝孝建元年（公元454年）繼續鑄造的「四銖」於前者的不同是，錢背由原來的素面改成了「孝建」二字，俗稱「孝建四銖」。公元前119年冬，漢武帝爲了

整頓當時混亂的幣制，下令銷毀輕薄的劣錢，新鑄「三銖」錢，企圖實現貨幣的統一和幣值的穩定，但這次幣制改革並不順利，翌年三月即告結束。

漢武帝元狩五年（公元前118年）改鑄「五銖」。東漢、蜀漢、魏、晉、南齊、梁、陳、北魏和隋也都有鑄造，重量、形制大小不一，但差別不是很大。「五銖」錢也是中國貨幣歷史上數量最多、流通最久（長達700多年）的錢幣之一，於唐武德四年（公元621年）廢止。以後新鑄錢大小輕重，仍是以「五銖」錢的重量為標準。

王莽掌權時代是中國貨幣制度最為混亂的時代。王莽政權為了搜括天下財富，在居攝二年（公元7年）鑄造發行了「一刀平五千」，俗稱「金錯刀」。以一枚「金錯刀」抵五千枚「五銖」錢，流通於市面。

這種巨大的差值，引起了民間抵制與私鑄，王莽不得不在公元9年廢止了「金錯刀」和「五銖」錢的流通，以後又實行了幾次幣制改革，同時制定了一系列高壓政策，發行了一部分的貨幣，如「大泉五十、契刀五百、一刀平五千、小泉直一、么泉一十、幼泉二十、中泉三十、壯泉四十、小布一百、么布二百、幼布三百、序布四百、差布五百、中布六百、壯布七百、第布八百、次布九百、大布黃千、貨布」等，造成了嚴重的通貨膨脹，最終導致幣制改革徹底失敗。

4. 三國

三國時期錢幣也很複雜。曹操恢復了「五銖」錢的流通，但是否有新鑄還有待考證。「直百五銖」是劉備鑄於建安十九年（公元214年）的錢幣，錢背陰刻多種文字，有銅、鐵二種。東吳孫權大約在赤烏元年（公元238年）鑄造發行了錢幣，面額較大，其中有「大泉五百」、「大泉當千」、「大泉二千」、「大泉五千」，後二種因面額較大，在流通過程中受阻，估計鑄量不會太多，存世較罕。「五百」、「當千」的實際購買力遠不能與漢代500枚五株相比，故稱之為虛錢。

「太平百金」「定平一百」為何人何時鑄造，以前有過爭議。《中國貨幣史》作者彭信威先生認為背面有星點和曲折文的「太平百錢」是張脩或張魯一班人所鑄。至於「太平百錢」減重的小錢，可能是劉禪所鑄。「定平一百」輕小而窳劣，重不過1克左右，鑄期必定晚於「太平百錢」，應該和「太平百錢」減重的小錢是同時代錢幣。

5. 南北朝

中國的幣制，從漢末三國到南北朝一直很混亂，缺乏統一性和連貫性。不斷發生的戰爭給社會經濟帶來了嚴重破壞，造成貨幣減重，物價波動，社會動盪。其間少數民族紛紛建立了自己的政權。北方羯族首領石勒取代匈奴族建立了前趙，又後改建為趙。在元帝大興二年（公元319年）鑄造「豐貨」錢。巴蜀劉備亡後27年李特、李流進入蜀地建立政權。其後李壽建朝漢興（公元338—343年），鑄造「漢興」錢，錢文為隸書，排列方式有二種：一種是上下排列，俗稱直「漢興」；另一種是左右排列，俗稱橫「漢興」。這也是中國貨幣史上第一個以年號命名的銅質方孔圓錢。在這段群雄逐鹿、風起雲湧的歷史進程中，除了帝王鑄錢外，各地的豪強政權及民間的私鑄流通貨幣極多，遠遠不止我們各類史

籍所列的品種。就近幾年發現的六朝時期的私鑄小錢，如五五、朱朱、兩兩、貨布等，種類繁多到令人難以想像的程度。六朝是中國歷史上一個轉折時期，以北方的經濟文化中心逐步轉移到了南方，貨幣的流通大爲推廣。

6. 唐

唐初，仍承襲舊制，流通貨幣以錢帛爲主，黃金作爲財富儲藏，而白銀在唐末逐漸占據優勢。唐朝從建立到衰亡，正式改制發行的錢幣共三種。唐高祖武德四年（公元621年）下令廢「五銖」錢，鑄造發行了「開元通寶」，每十文重一兩，這是中國衡法改爲十進位的關鍵。「開元通寶」的發行也宣告了自秦以來流通了幾百年的銖兩貨幣的終結。從此，中國的方孔貨幣就以「通寶、元寶」爲名。它的文字、重量、形制也成爲以後各朝鑄錢的楷模，連鄰國日本等也均效仿鑄之。

唐代第二種錢是乾封元年（公元666年）鑄造發行的「乾封泉寶」，也是唐朝的正式年號錢。錢文旋讀，重5克左右，每文當「開元」錢十文，民間爲避免在兌換新錢時蒙受損失，紛紛藏匿舊錢，商人停止買賣，造成物價上漲，使用不到一年，政府被迫停鑄新錢。因此，「乾封泉寶」錢幣留存至今的數量相對要比「開元通寶」少得多。

唐代第三種錢是唐蕭宗乾元元年（公元758年）鑄造發行的「乾元重寶」，以一當「開元」十，這也是重寶錢的開端。

另外，唐代宗在大曆年間（公元766－779年）鑄有「大曆元寶」，唐德宗在公元780－783年間鑄有「建中通寶」，這二種錢幣外觀不如開元錢正規。舊時有人認爲是私鑄，實則不然，觀其形狀與會昌錢還是相當接近的，惜存世較罕。唐末，武宗會昌年間告白天下佛寺，收全國各地廢寺的銅像、鐘、磬、爐等鑄造「會昌開元」。由淮南（今揚州）節度使李紳率先於新錢背加「昌」字以紀年號，於是各地鑄爐紛紛以本州郡名爲背文鑄之。

唐懿宗咸通十一年（公元870年），桂陽監錢官王彤新鑄「咸玄通寶」，未等流通即廢止，存世極其罕見。

7. 五代

五代是較爲混亂的年代，遺存的錢幣非常複雜，除了吳越、南平、北漢等國以外，其餘都曾鑄錢。留存的錢幣有「開平」通寶和元寶。王曦在永隆四年（公元942年）鑄「永隆通寶」大錢，以一當百，有銅、鐵、鉛三種。

楚王馬殷曾在長沙鑄有多種錢幣，並受梁太祖拜爲天策上將軍，於乾化元年（公元911年）鑄「天策府寶」紀念。同鑄的「乾封泉寶」大錢，以一當十，背文有「天」、「策」、「天府」等。閩王延政於天德二年（公元944年）鑄「天德重寶」和「天德通寶」，以一當百，有銅、鐵二種。徐知誥封齊王在公元937年鑄「大齊通寶」，李璟襲位後改元「保大」（公元943－957年）鑄「保大元寶」，翌年（公元958年）鑄「永通泉貨」，以一當十，這些能留存至今的錢幣都是極其罕見的珍品。五代還鑄有不少小平銅錢，如「漢元通寶、通正元寶、光天元寶、天漢元寶、乾德元寶、唐國通寶」等等。

縱觀五代十國的錢幣，有三個明顯的特點：第一是大額錢幣盛行；第二是鐵錢開始盛行；第三是均爲地方貨幣，流通範圍小，這也是存世少見的根本原因。

8. 宋

宋代的幣制，仍是以銅錢爲主，白銀開始流通。北宋出現紙幣，到了南宋，紙幣繼續推行，這是宋代幣制的最大的特點。在幣制鑄造與發行過程中南北宋大不相同。北宋以小平銅質的錢幣爲主，幣值基本保持在小平至折十，鐵質錢幣作爲輔幣參與流通。而南宋以鐵質錢幣爲主，折二銅質的錢幣作爲輔幣參與流通，幣值從小平至當百錢，幣值跨度如此之大，也能看出當時貨幣嚴重貶值。在錢幣的品種分類上，北宋幾乎每換一個年號就鑄一次新錢，可以說從北宋才真正流行起年號錢，錢文有篆書、隸書、行書、真書、草書、瘦金體，有的是帝王或當時的書法家所書，錢幣版別的多樣化爲歷朝之冠。南宋錢幣較一致，但是到了嘉定元年（公元1208年）有了新的變化，改變了通寶、元寶的錢文常規，出現了通寶、元寶、永寶、之寶、全寶、安寶、正寶、崇寶、真寶、新寶、萬寶、洪寶、珍寶、隆寶、泉寶、重寶、至寶、封寶、興寶等，這種現象也預示著宋的滅亡。

南宋建炎三年（公元1127年），杭州改名爲臨安府。到了南宋末年，政府在地方上鑄造發行了銅、鉛二種錢牌，形狀爲長方形，有上方下圓，也有上圓下方，錢面有「臨安府行用」五個字，背文有紀值分別爲「準壹拾文省、準貳伯文省、準三伯文省、準肆伯文省、準伍伯文省」等，近年來還發現有「和州、江州、南康軍」錢牌，這也說明南宋末年政府在地方上鑄幣除了「臨安府行用」外，還有其他地方類似的錢牌存在。

「和州、江州、南康軍」錢牌，尤其是「南康軍」錢牌除了與臨安府行用的錢牌有類似特點外，其銘文不同，而且錫材成分含量之高也屬前所未見，可補史籍不足。

9. 遼

唐末五代，西北各民族崛起，包括契丹、黨項、女真、蒙古族等，他們先後建立了自己的政權。這些北方游牧民族與中原地區戰爭不絕，對漢族皇朝施加了巨大的軍事壓力。契丹族建立了王朝，稱遼，太祖耶律阿保機的父親在世的時候，「以土產多銅，始鑄銅錢」。先後鑄有「天顯通寶、天祿通寶、應曆通寶、保寧通寶、統和元寶、重熙通寶、清寧通寶、咸雍通寶、大康通寶、大安元寶、壽昌元寶、乾統元寶、天慶元寶」等貨幣，流通於市面。

遼錢的製作都不精美，有的類似私鑄。有一種「大泉五銖」大錢，文字似漢非漢，和「千秋萬歲」錢幣書法類似，舊時有人認爲是五代十國錢幣，看來還有待商榷。

西夏爲宋朝西邊的一個強鄰，雄據一方。西夏的鑄幣有西夏文和漢文二類，西夏文如「福聖寶錢、大安寶錢、大安通寶、貞觀寶錢」，這類錢幣鑄工粗劣，文字不容易識別；漢文的有「天盛元寶、乾祐元寶、天慶元寶、皇建元寶、光定元寶」，這類漢文錢幣鑄工要比西夏文的精美得多，比遼錢也要好。

10. 金

金是女真族建立的王朝，鑄錢受宋影響較深。由於朝廷的重視，又掌握了一定的北宋鑄錢的技術力量，所以鑄出來的錢幣品質較高。金人有他們自己的文字，但是他們鑄造的錢幣使用的都是漢文。「大定通寶」錢文仿宋錢「大觀通寶」宋徽宗的瘦金體；「泰和重寶」骨細肉深，篆如玉箸，精美無比。估計金獲取了北宋遺留在陝西鑄錢的真經，因為當時中國鑄錢技術以陝西的最佳。

金人不但行用銅錢，而且其印製紙幣還在銅錢之前。海陵王貞元二年（公元1154年）就設置交鈔庫，發行交鈔有大鈔和小鈔二類。因行用方便，信譽度高，流通範圍很廣。後來，由於紙幣印製氾濫，導致通貨膨脹，儘管時常更換新鈔，也逃脫不了滅亡的命運。

11. 元

元是蒙古族建立的王朝。蒙古人統治中國時，給中國幣制帶來了根本的變化。元朝開始以白銀作為價值的尺度，並且逐漸發展到用白銀交易作為流通手段。貨幣流通主要以紙幣為主，銅錢除了繼續沿用前朝的外，在至大、至正年間均鑄造過一定數量新錢，如「至大通寶、大元通寶（八思巴文）、至正通寶」，從小平到當十有多種版別。「至正之寶」又稱「至正權鈔」從伍分至伍錢共五等，留存罕見。

元代統治階層崇尚佛教，廣建佛寺，並在各寺廟掌管下鑄造了一些文字草率、形制粗陋、與佛教相關的錢幣，重量在2克左右，稱為「供養錢」。它懸掛於佛龕之上或用繩索穿後盤置於佛像腹中供佛，一般不作流通，有時也拿來饋贈進香的善男信女，特殊情況也進入貨幣流通，幫助寺廟開支。此錢存世罕見。

元末由於政治腐敗，紙幣過量超值發行，導致社會經濟徹底崩潰，百姓苦不堪言，引發了大大小小不少農民起義，如張士誠、韓林兒、徐壽輝、陳友諒、朱元璋等。這些起義軍為了征戰之需，各占地盤自鑄錢幣，如張士誠毀了承天寺銅佛鑄「天佑通寶」，有小平、折二、折三、折五型四種面額錢幣；韓林兒建都亳州，鑄有「龍鳳通寶」小平、折二、折三；徐壽輝佔據湖北蘄水，鑄有「天啟通寶」小平、折二、折三，「天定通寶」小平、折二、折三；陳友諒鑄有「大義通寶」小平、折二、折三；朱元璋鑄有「大中通寶」小平、折二、折三、折五、折十，錢背有紀值、紀地等，種類複雜多寡不一。

12. 明

明朝初年，延續使用元朝紙鈔，不久錢鈔兼用，以紙鈔為主，銅錢為輔。由於紙鈔不兌現，發行量又無限制，終於發生通貨膨脹，紙鈔貶值，實際流通貨幣就開始採用銀錢類。除了公元1368年南京寶源局發行「洪武通寶」外，各省都設寶泉局來鑄「洪武通寶」，並且分為五等，錢幣背面鑄有錢兩，小平為一錢，折二為二錢，折三為三錢，折五為五錢，折十為十一兩。此後在永樂、宣德、弘治、嘉靖、隆慶、萬曆、泰昌、天啟、崇

禎年間均鑄有銅錢，一般爲小平，鑄量也不多，只有天啓、崇禎鑄量比較多，而且還鑄有大額銅錢，遺留至今的數目相當可觀。明代正德年間未鑄銅錢，但後世遺留「正德通寶」大大小小錢幣卻相當多，而且錢背都鑄有龍或鳳。傳說正德皇帝爲游龍，佩帶此錢能消災免禍，所以民間就有人重金求購，爲此，明末、清代出現了大量民間鑄品，僅供佩帶玩賞，現在俗稱「花錢」。

　　天啓七年（公元1627年）崇禎即位後，苛捐雜稅繁重，社會矛盾激化，引發了各地農民起義。其中最具有代表性的農民起義有李自成、張獻忠領導的農民起義。李自成在崇禎十七年（公元1644年）正月稱王，定國號「大順」後，改元「永昌」，鑄有「永昌通寶」小平及當五型二種銅錢；張獻忠同年十一月建大西國於成都，改元「大順」，鑄有「大順通寶」小平銅錢；浙江的魯王朱以海鑄有「大明通寶」小平銅錢；福建的唐王朱聿鍵鑄有「隆武通寶」小平及折二型銅錢；桂王朱由榔鑄有「永曆通寶」小平至折十型銅錢；福王朱由崧鑄有「弘光通寶」小平及折二型銅錢，等等。

13. 清

　　清代是中國歷史上最後一個封建王朝。貨幣交易採用大額用銀，小額用銅錢，紙幣爲輔的政策。白銀隨著市場的發展逐漸成爲主流，地位顯得更加重要。在清代二百多年的統治中，貨幣發展經歷大致兩個階段，第一個階段是在同治元年（公元1862年）前，承襲了二千多年來的傳統冶煉鑄錢方法，頒佈發行貨幣；第二個階段是到了光緒元年（公元1875年）後，清政府吸收了國外先進技術，採用機器衝壓方法製造銅元貨幣，告別了落後的製幣方法。這一變革充分體現了社會進步與發展的一面。

　　清代滿人入關前，就已經開始鑄錢，留存的滿文「天命漢」小平錢幣就是入關前鑄造的貨幣。在萬曆四十四年（公元1616年）努爾哈赤建立後金，又鑄了漢文「天命通寶」小平錢幣。入關後，順治皇帝在公元1644年仿明代錢型鑄造了「順治通寶」，前後分五種版式流通於市面。此種錢幣重量起初爲每文一錢，後改爲一錢二分，第八年改爲一錢二分五厘，十四年後改爲一錢四分，金屬含量是純銅七成，白鉛三成。一千文爲一串，也就是一吊。民間有句俗話「此人半吊子」就來源於此。

　　康熙在位61年，鑄錢量相當可觀，初鑄延續順治錢型，在北京以順治的第四版式於寶源、寶泉二局設爐鑄造，外省以順治的第五版式鑄造錢幣，錢背文字滿、漢文並用，共有二十二局，除背「鞏」（甘肅）較少見外，其餘留存較多。

　　雍正時期，錢幣鑄量相對少於順治、康熙，錢重足值約4～5克，小平直徑一般在2.8公分左右，錢背延續順治錢型第四版式，共有十七鑄局。

　　乾隆在位60年，鑄錢量也相當可觀，因寶河、寶鞏二局停鑄，鑄局延續保留了雍正朝十七鑄局中的十五局，另增設直隸（寶直）、新疆等二十四鑄局。新疆的錢幣我們稱爲「紅錢」，以前內地不多見，隨著交流大量進入內地，早已成爲古幣中的常品。「紅錢」的直徑與一般小平銅錢相差無幾，但是在新疆地區實際流通中均當十使用。另外，寶源、寶泉二局還有一種較大的「乾隆通寶」錢幣，直徑在2.7公分左右，錢重7克左右，通稱乾隆大樣，估計是進呈錢或掛燈錢，留存不少。

嘉慶在位 25 年，鑄錢品質逐漸開始下降，不像前幾朝足值厚大。到了道光時期錢幣製作越發粗糙，大小不一，輕重懸殊，有的還不到 2 克，這也是通貨膨脹，造成銀貴錢賤、鑄錢賠本的主要原因。

咸豐在位時期，天下大亂，英國、法國聯合侵略中國，同時國內太平天國起義爆發。由於生產力遭到了嚴重破壞，國庫空虛，清政府為了填補方方面面的空缺，同時又要應付征戰軍餉之需，故鑄造發行了大額錢，走上了漢代王莽的老路，加速了清政府的崩潰。

太平天國定都南京前後鑄造發行了數量相當可觀的大大小小的錢幣，主要有三套比較成系統，第一套是黃銅楷書闊邊，正面為「太平天國」，背為豎「聖寶」，分小平、當五、當十、當五十、當百五種形制；第二套為青銅宋體，錢文排列方式和第一套相同，分小平、當十、當五十、當百四種，鑄於衡陽；第三套是黃銅楷書，文字筆劃高低不平，俗稱「隱起文」，背文為橫「聖寶」，幣制分小平、當五、當十、當五十四種。另外還有個別屬地區性農民起義錢，如廣東三合會「平靖勝寶」，浙江地區農民金錢會起義入夥的憑證「金錢義記」，等等。

同治、光緒、宣統三朝鑄錢量遠遠少於前幾朝，市場流通貨幣的小額用錢，還是沿用前朝舊錢，但是也鑄了一部分錢幣，如小平、當十型二種，參與流通。大額交易繼續採用白銀。同治、光緒、宣統三朝要數宣統年間鑄錢量最少，傳世的只有一種「宣統通寶」錢幣，重量 2 克，直徑 1.9 公分，也是清政府最後在淘汰手工範模工藝鑄造的同時又為了照顧部分工匠生計而過渡使用的一種鑄幣。到了民國，福建還曾鑄有「民國通寶」方孔圓錢，直到辛亥革命後徹底結束。

早在康熙年間，墨西哥銀元「鷹洋」就已開始在沿海地區流通，先後有本洋、站人洋、坐人洋、日本龍洋等外國銀幣大量流入中國進行貿易，中國在以此兌換銀兩時損失慘重。為了抵制外國金融資本不斷滲透，挽救民族經濟，清末光緒年間，清政府官員張之洞先後在國外購置了機器，以先進衝壓技術製造銀元和銅元，並使之逐步取代了外國貨幣。

民國時，出現軍閥混亂和內戰，國內經濟停滯不前並遭遇重創，貨幣發行更是極其氾濫與複雜。深受民間歡迎的銅元行用了二十多年即被五花八門的紙幣所代替，人民遭受到了前所未有的災難。

中國貨幣發展史是中華民族文明歷史發展的一個縮影，小小的貨幣，蘊含著豐富的歷史和深厚的文化內涵。透過貨幣收藏和研究，我們可了解當時的政治制度、經濟發展、鑄造技術、書法藝術等，從而增長知識，陶冶情操，獲得美的享受，感受收藏的樂趣，讓我們的生活更加美好。

第二章

殷商、春秋戰國貨幣

貝　幣

最早的原始貨幣，出現於殷商時期，它以自然的海貝打磨加工穿孔而成，大小一致，以若干貝串在一起爲一「朋」進行計數作價。貝還是一種貴重物品，古人稱貝爲「好貨、貨寶」，有時還用以佩飾、饋贈品。隨著商品交易不斷擴大，貝在交易中漸匱乏，因此人們便開始了加工仿製品，如骨貝、石貝、陶貝、琉璃貝、銅貝等。

琉璃貝	
長度：2.45公分	寬度：1.58公分
厚度：0.7 公分	重量：2.4克
（由王羊先生提供藏品）	

自然貝	
長度：2.3公分	寬度：1.8公分
厚度：0.7公分	重量：2.4克

蟻　鼻　錢

春秋戰國時期楚國所鑄造的「蟻鼻錢」通常被我們稱爲「鬼臉錢」，因爲幣面文陰刻酷似人臉，據分析幣文是古文貝（卵）字的變形，也是天然貝幣演變而來的。舊時有人認爲這種小如瓜片銅質東西是古人隨葬於墓穴以鎭螞蟻。由對大量出土文物及史籍的研究，證實爲春秋戰國時期貨幣，而且面文陰刻有「行、金、君、忻、匋」等。蟻鼻錢每枚通常重4克左右，長2公分，寬1.3公分，錢背平衍。大約二枚可抵秦半兩一枚，忻布一枚可抵十枚「蟻鼻錢」，流通於市面進行商品交易。除了上述品種外，還有面文「上橫、下橫、上下橫」等版別，20世紀80年代至今安徽肥西新倉陸續出土了「禾」字、「十」字面文以及「魚」形的「蟻鼻錢」，根據有關資料統計，「禾」字面文的「蟻鼻錢」存世量在

50枚左右，「十」字面文的「蟻鼻錢」要多些。另據清朝李佐賢《古泉匯》記載有一枚「禾」字面文的「蟻鼻錢」，但出處不詳。安徽肥西新倉出土的「禾」字及「十」字面文的「蟻鼻錢」極其珍貴，為研究戰國時期楚國鑄幣提供了實物依據。

　　古玩市場一枚普通「蟻鼻錢」的售價約250元台幣左右，而「禾」字面文的「蟻鼻錢」根據品相優劣售價約15000元台幣左右，「十」字面文約5000元台幣。「魚」形的「蟻鼻錢」無成交記錄。

普通貝

| 長度：2公分 | 寬度：1.3公分 |
| 厚度：0.45公分 | 重量：5.1克 |

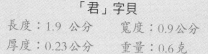

「君」字貝

| 長度：1.9 公分 | 寬度：0.9公分 |
| 厚度：0.23公分 | 重量：0.6克 |

「安」字貝

| 長度：2公分 | 寬度：1.3公分 |
| 厚度：0.11公分 | 重量：4克 |

「十」字貝

| 長度：1.9 公分 | 寬度：1.1公分 |
| 厚度：0.25公分 | 重量：2.2克 |

魚形貝

| 長度：1.9公分 | 寬度：1.1公分 |
| 厚度：0.25公分 | 重量：2.3克 |

各六朱貝

| 長度：1.95公分 | 寬度：1.12公分 |
| 厚度：0.3公分 | 重量：3.15克 |

鬼臉貝

長度：3公分	寬度：1.3公分
厚度：0.35公分	重量：5.2克

「几」字貝

長度：1.95公分	寬度：1.12公分
厚度：0.25公分	重量：3.15克

上橫貝

長度：1.75公分	寬度：1.17公分
厚度：0.35公分	重量：2.1克

上橫貝

長度：2公分	寬度：1.25公分
厚度：0.27公分	重量：3.1克

胡子貝

長度：1.95公分	寬度：1.2公分
厚度：0.39公分	重量：3克

空殼貝

長度：2公分	寬度：1.2公分
厚度：0.3公分	重量：1.8克

刀　幣

　　戰國時期燕、趙二國鑄造。一般稱其「明刀」，舊時有人譯為「召刀、易刀」。根據「燕刀」幣面的篆體「明」字，應讀「明刀」。幣背有多種文字，版別較多。《歷

代古錢圖說》定價一角銀元，目前市場交易價約1500元台幣左右。

　　戰國時期鑄造的刀幣主要有二類，即齊國刀與燕國刀，前者俗稱「齊大刀」，鑄造的品種有「齊法化、即墨法化、即墨之法化、齊返邦長法化」，俗稱「三字刀、四字刀、五字刀、六字刀」；後者俗稱「小刀」，鑄造的品種有「針首刀、尖首刀、圓首刀、明刀」等，簡稱「燕明刀」。

　　這兩類刀幣背面銘文各有不同。其中，齊大刀中的六字刀「齊返邦長法化」最為稀少，分析認為是齊國紀念性質的鑄幣，《歷代古錢圖說》定價八十元銀元，目前市場交易價約500000元台幣左右，三字刀「齊法化」較常見，《歷代古錢圖說》定價一塊銀元，目前市場交易價約40000元台幣左右。

　　目前古玩市場上刀幣的贗品較多，個別偽品幾可亂真，苦於無真品對照，上當者不乏其人。真正的戰國刀幣製作十分精美，幣背平衍，有不同文字與符號，正面文字直而挺，地章光潔無砂眼，鏽色自然，刀身邊緣輪廓高於幣文，邊緣滲出的銅汁自然不加銼磨，環的頂端可見澆鑄口，銅色微紅泛白，真偽比較，偽品即現原形。

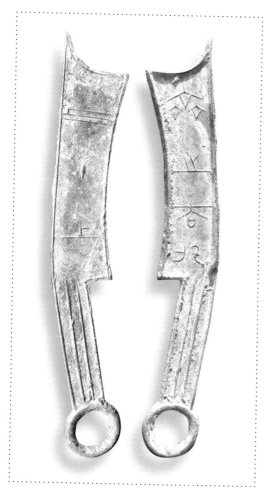

齊大刀

明刀

齊法化，俗稱「三字刀」

刀身直高18.7公分，刀頭寬3.1公分，厚度0.32公分，重量49.3克。市場交易價約40000～50000元台幣。

安易之法化，俗稱「五字刀」

　　刀身直高18公分，刀頭寬2.8公分，厚度0.32公分，重量52克。市場交易價約150000元台幣。

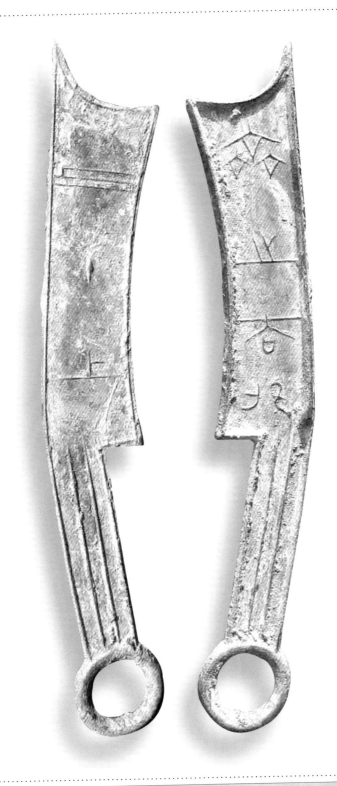

齊之法化，俗稱「四字刀」

刀身直高18.5公分，刀頭寬2.9公分，厚度0.34公分，重量50克。市場交易價約150000元台幣。

布 幣

　　春秋戰國時期廣泛流通的一種貨幣，它是由農具鏟演變過來的鑄幣，起初空首可以納柄，故稱「空首布」。後來布首不空，稱其「平首布」。

　　這二類錢幣均是在商品發展進程中自發產生的，鑄造並不受政府限制，所以「空首布」的幣形有「平肩弧足空首布、簪肩尖空首布、斜肩弧足空首布、釿布、殊布，方足布、尖足布、圓足布、三孔布」等多種。

　　幣面的文字不易識別，現已發現有上百種，有單字，也有多字，研究分析可能是一種紀號、紀干支、紀年份、紀地名等，目前存世較多的是「平首布」，市場交易價大約在2000元台幣左右；「空首布」較爲少見，市場交易價在5000元乃至50000萬元台幣不等，「三孔布」更是罕見。圖中的「空首布、平首布」均爲已故錢幣大師馬定祥舊藏，由馬傳德先生提供藏品。

空首布

　　錢幣直高：9.35公分，寬度：4.8公分，重量33克。《歷代古錢圖說》定價均爲：二十銀元，古玩市場上一枚品相較好者售價約100000元台幣左右。但贗品較多，主要特點是銅質生硬又特別厚，文字粗大、無力度。而眞幣銅質熟脆，鏽色自然，文字線條直而挺拔，多爲生坑，傳世較少。

戰國「市南小化」平肩弧足空首布

直高7.75公分，寬度4公分。市場交易價250000元台幣左右。

戰國「吉」平肩弧足空首布

直高7.7公分，寬度4公分。市場交易價20000元台幣左右。

戰國「口」聳肩尖空首布
直高7.7公分，寬度3.85公分。市場交易價35000元台幣左右。

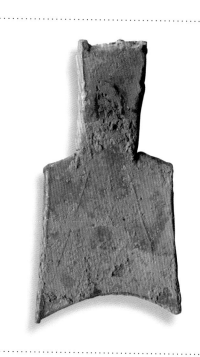

斜肩弧足空首布
直高7.5公分，寬度3.9公分，重量20.1克。《歷代古錢圖說》定價為五十元銀元，市場交易價約75000元台幣。

戰國異形布「公」

　　直高4.7公分，寬度2.7公分。《歷代古錢圖說》定價一元銀元，市場交易價約7500元台幣。

戰國梁充釿五十當孚釿布

　　直高5.9公分，寬度3.5公分。《歷代古錢圖說》定價八元銀元，市場交易價約10000元台幣。

戰國平首布「中都」方足布

直高4.9公分，寬度2.9公分，厚度0.1公分，重量6.2克。《歷代古錢圖說》定價二元銀元，市場上一枚品相較好者售價約7500元台幣。

戰國平首布亦稱方足布，「布」是一種以「釿」為計數單位的錢幣，一個布幣為一「釿」，內含65%的銅，35%的鉛錫。銅色略紅泛白。採用陶範工藝，刀法嫻熟，線條直挺，厚薄均勻，無砂眼氣孔，邊縫留有銅汁，鑄成後不加銼磨，首部可見澆鑄口，春秋時布幣重35克左右，戰國早期布幣重15克左右，後期降至約10克。

殊布當釿

直高10.5公分，寬度2.9公分，厚度0.15公分，重量28.4克。《歷代古錢圖說》定價十元銀元，市場上品相較好者售價在50000元台幣左右。

明 化

鑄造於戰國後期燕國，此幣直徑2.4公分，穿徑0.75公分，厚度0.1公分，重量2.8克，為銅質材料鑄成。古幣文字為篆體，從右到左而讀，舊時有人認為「莒刀」二字，也有人說係「召刀」。已故錢幣學家丁福保先生著《歷代古錢圖說》中將此幣注解為「召刀」二字，定價為壹元銀幣。據考，此幣出土在河北易縣及鄰近遼東一帶。幣文從日從月，應譯作「明化」，而且明字又代表燕國平明。

如今《簡明錢幣辭典》就將此幣注解為「明化」，古幣級別定在4中，現今古玩市場根據古幣品相優劣，售價在2500～4000元台幣之間。

古幣「明化」鑄造年代久遠，傳世極少，一般均為出土，由於埋藏時期長，風化嚴重，存世有限。近年來古幣收藏者隊伍劇增，需求量不斷上升，一些不法錢商挖空心思製造偽幣，將一枚漢半兩錢面磨平，在注膠黏合，改刻冒充「明化」，望古幣愛好者購幣時認真審之，最好的鑒定辦法是將偽幣放入沸水中稍煮片刻，偽幣即現原形。

明 化

第三章

秦漢貨幣

半 兩

公元前221年秦統一六國後，規定外圓內方的半兩錢為全國統一貨幣，這種形制錢幣也反映了先人「天圓地方」的宇宙觀，同時又比春秋戰國時期刀幣、布幣攜帶方便。早在秦統一六國前「半兩」錢已在四川、陝西鑄造流通。最初的「半兩」大小不等，重4克左右，文字帶有隱起，筆劃有方折及圓折二種，我們稱之為「先秦半兩」。「秦半兩」鑄造精良，厚重，幣面「半兩」書體採用小篆文，相傳是丞相李斯所寫，文字規矩，體勢修長，遒勁有力。

漢代鑄造的半兩稱為「漢半兩」，其特點是相對薄小，一般直徑2.3公分，厚度0.9公分，重量1.4克。有的直徑1.25公分，厚度0.7公分，重量0.5克，號稱「莢錢」。漢高后二年（公元186年）新鑄「半兩」重八銖，直徑3.2公分，孔徑0.95公分，厚度0.15公分，重量7.8克，稱其「八銖半兩」或「四銖半兩」。

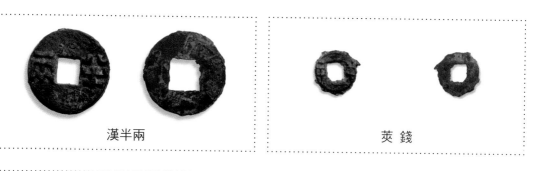

漢半兩　　　　　　　　　　莢 錢

八銖半兩

「秦半兩」錢幣的形制有一個共同特點，就是文字修長高挺，這也是區分「先秦半兩」和「漢半兩」的主要特徵。圖中的大型銀質「秦半兩」是已故的錢幣大師馬定祥舊藏，由馬傳德先生提供藏品。錢幣直徑6.65公分，孔徑1.8公分，厚度0.7公分，重量96.15克，存世極罕見。此特大型銀質「秦半兩」，是秦始皇時代社會經濟發展到了鼎盛時期的一種紀念性質的鑄幣。

秦半兩

三　銖

漢代文、景二帝為恢復國力，發展生產，實行「休養生息」政策，採取輕徭薄、與民休息的措施，把田租「三十稅一」作為定制。在穩定幣值方面，文、景二帝加重了政府鑄錢分量，同時允許民間自由鑄錢。實際上民間私鑄銅錢不可能遵照政府的標準來鑄造，使得幣制不統一，各地一些輕薄劣錢不斷充斥市場，引起貨幣貶值。

公元前119年冬，漢武帝為了整頓當時混亂的幣制，下令銷毀輕薄的劣錢，更鑄「三銖」錢，企圖實現貨幣的統一和幣值的穩定。但這次幣制改革不順利，連年不斷的對匈奴戰爭，使得國力虧空，財用告竭，物價上漲。在這樣的國情下想鑄造發行足值貨幣是心有餘而力不足。「三銖」錢也就越鑄越輕薄，第二年三月宣告結束。「三銖」錢由於鑄期短，流傳存世少，歷來被古幣收藏家所重視，《歷代古錢圖說》定價三元銀元，目前古玩市場一枚較好品相的售價7500元台幣左右，遺憾的是有價無貨。而古玩市場所見大多是偽品，真正「三銖」的「銖」字金旁從「王」，背平無輪廓，形制較薄，重量大約在1.8克左右，直徑2.25公分，孔徑0.8公分，厚度0.7公分，而偽品常用普通的漢「五銖」改刻成「三銖」，但無法彌補文字和形制上的差異。

三 銖

丞相四銖

鑄造於漢代，存世罕見，《古錢大辭典》將此幣定價爲十五元銀幣。舊時有人認爲「丞相四銖」屬砝碼類。根據對實物及出土錢幣的分析，應是貨幣。此幣的幣文爲陰文篆書，面文「丞相」，背文「四銖」，側面正中有0.1公分穿孔。此幣寬度1公分，高度1公分，厚度0.3公分，重量2.1克，銅質。古玩市場一枚品相較好者售價在台幣10000元左右，未見僞品。由於此類幣種的稀少，一般普及性書籍難以收集摘錄。

丞相四銖

私鑄貨泉

錢幣直徑1.8公分，厚度0.1公分，孔徑0.9公分，重量0.9克。觀其形制、重量、薤葉篆類似六朝劉宋時期鑄幣，與漢代王莽掌權時代的「貨泉」鑄幣有著明顯本質的區別，估計是六朝社會大動盪時期的私鑄品，此錢幣史籍無載，較罕見。古玩市場交易售價約在台幣10000元左右。

私鑄貨泉

二柱五銖

鑄造於南朝梁元帝時代，行用以一當十，錢面有二星點，稱其「二柱五銖」。錢幣直徑2.3公分，厚度0.12公分，孔徑1公分，重量2.5克。《歷代古錢圖說》定價爲五角銀元，古玩市場一枚較好品相較好者售價約在台幣250元左右，未見僞品。

二柱五銖

雞目五銖

雞目五銖

又稱「鵝眼五銖」，鑄造於漢代，屬於輕小窳劣貨幣。錢幣直徑 1.15 公分，孔徑 0.32 公分，厚度 0.12 公分，重量 0.65 克。古玩市場一枚品相較好者售價在台幣 200 元左右，未見偽品。

四　銖

南朝貨幣，鑄造於宋文帝元嘉七年（公元 430 年）。錢幣直徑 2.35 公分，厚度 0.15 公分，孔徑 0.84 公分，重量 2.7 克。《歷代古錢圖說》定價為二元銀元，古玩市場一枚品相較好者售價在台幣 1000 元左右，未見偽品。

四　銖

常平五銖

北齊文宣帝時代的貨幣，鑄造於高洋天保四年（公元 553 年）。錢幣直徑 2.45 公分，孔徑 0.95 公分，厚度 0.13 公分，重量 3.7 克。《歷代古錢圖說》定價為一角銀元，古玩市場一枚品相較好者售價在台幣 250 元左右。

常平五銖

五行大布

北周武帝時代的貨幣，鑄造於建德三年（公元574年），行用以一當十。錢幣直徑2.8公分，孔徑0.75公分，厚度0.2公分，重量4.2克。《歷代古錢圖說》定價爲五角銀元，目前古玩市場一枚品相較好者售價在台幣600元左右。

五行大布

布　泉

北周武帝時代的貨幣，鑄造於保定元年（公元561年）行用以一當五。錢幣直徑2.7公分，厚度0.15公分，孔徑0.9公分，重量4.6克。《歷代古錢圖說》定價爲三角銀元。古玩市場一枚品相較好者售價在台幣750元左右。

布　泉

太清豐樂

過去有人讀成「天清豐樂」，概因二字不易識別。「太清豐樂」幣材爲白銅質，重3克，直徑2.3公分，孔徑0.75公分，厚度0.15公分，幣背四出文。有人認爲該錢係西涼張天錫太清年間（公元363～376年）所鑄，也有人認爲是南朝梁武帝太清年間（公元547～549年）所鑄。錢幣文字排列很特別，穿孔上下橫排「太清」二字。有人把「太清」與道教聯繫起來，因爲道教有三境之說，即玉清境、上清境、太清境。「豐樂」二字意爲「年豐民樂」。歷代錢譜將此錢歸類爲《花錢》一檔，《歷代古錢圖說》定價爲壹百元銀元。幾年前江蘇省宜興出土了一大批「太清豐樂」錢幣，有千枚左右，看來應屬流通貨幣。自此批錢出土後，此錢已不屬珍稀品。以前市場價在台幣10000～15000元左右，而今跌爲台幣5000元左右。

太清豐樂

「太清豐樂」真幣字體飄逸瀟灑，書法到位，錢型較薄；假幣字體呆板，銅色泛黃，錢型較厚、特重，一般用鹽酸處理後在市場上銷售。

大布黃千、貨布

漢代末年王莽掌權是中國貨幣制度最為混亂的時代，在居攝二年（公元7年），政府為了搜括天下財富，實行了幾次幣制改革，制定了一系列高壓政策，發行了一部分貨幣，如「大泉五十、契刀五百、一刀平五千、小泉直一、么泉一十、幼泉二十、中泉三十、壯泉四十、小布一百、么布二百、幼布三百、序布四百、差布五百、中布六百、壯布七百、第布八百、次布九百、大布黃千、貨布」等，這些不足值的貨幣遭到人民強烈抵制，民間為了避免與新的貨幣兌換時蒙受損失，紛紛盜鑄私錢，造成嚴重的通貨膨脹，最終幣制改革失敗。「大布黃千」與「貨布」是流傳至今比較多的貨幣。「大布黃千」高度5.7公分，寬度2.25公分，厚度0.3公分，重量11.5克，「貨布」高度5.75公分，寬度2.2公分，厚度0.3公分，重量17.75克。《歷代古錢圖說》將「大布黃千」定價為五角銀元，「貨布」定價為二角銀元，目前古玩市場一枚品相較好的「大布黃千」售價在2500元台幣左右，「貨布」售價1000元台幣左右，由於此種古幣形狀類似褲子，頗受初涉古幣收藏的青睞，市場需求較大，偽品常有出現，一般特點是銅質生硬，字體粗大，故相對比較好辨別。

大布黃千　　　　　　　　貨布

一刀平五千

是漢代王莽掌權時代的第一次幣制改革的鑄幣。鑄造於居攝二年（公元7年）銅質，錢幣環徑2.8公分，孔徑0.85公分，幣高7.3公分，厚度0.3公分，重量31.8克，「一刀」二字，以黃金鑲嵌錯成，俗稱「金錯刀」。以一枚抵五千枚「五銖」錢流通於市面。二者之間的價值懸殊太大，但是王莽認為這是符合古代「子母相權」之意。這種虛價大錢的名義價值遠遠超過了其實際價值，是對人民財富公開的強盜性的掠奪。這種巨大差值，引起民間抵制與私鑄，王莽不得不在公元9年廢止了「金錯刀」和「五銖」錢的流通。而今，「一刀平五千」已成為王莽掌權時代幣制改革的遺物，它對我們後人來說有著現實意義。此「金錯刀」錢幣由合肥柯昌建先生提供藏品，《歷代古錢圖說》定價為四十元銀元，市場價約在100000台幣。

一刀平五千

貨 泉

漢代王莽掌權時代的貨幣，鑄造於天鳳元年（公元14年）書體懸針篆，錢幣品種有「合背、四出、傳形」等，鑄材有銅、鐵二種，普通品的錢幣直徑2.2公分，孔徑0.65公分，厚度0.15公分，重量2.3克，存世比較多，古玩市場售價約1000元台幣。

貨 泉

貨泉傳形

版式比較特殊，文字的讀法可以改爲「泉貨」。此幣直徑 2.2 公分，孔徑 0.65 公分，厚度 0.15 公分，重量 2.75 克。《歷代古錢圖說》定價爲二元銀元，古玩市場一枚品相較好者售價約 1000 元台幣左右。

貨泉傳形

貨泉合背

錢幣正反二面均爲「貨泉」二字，是鑄造錢幣時發生的差錯，稱其錯版。這類錢幣比普通品要少，此枚合背錢幣直徑 2.3 公分，孔徑 0.6 公分，厚度 0.17 公分，重量 2.45 克。《歷代古錢圖說》定價爲一元銀元，古玩市場一枚品相較好者售價約 1500 元台幣左右。

貨泉合背

大泉五十

漢代王莽掌權時代的貨幣，鑄造於居攝二年（公元 7 年），行用以一當五十，錢幣品種有「合背、四出、傳形、重輪」等，鑄材有銅、鐵二種。直徑 2.75 公分，孔徑 0.75 公分，厚度 0.22 公分，重量 6.2 克。存世比較多，普通品在古玩市場售價 150 元台幣。

大泉五十

大泉五十合面

　　錢幣正反二面均爲素面，是鑄造錢幣時發生的錯版，這類錢幣比普通品少。錢幣直徑2.6公分，孔徑0.63公分，厚度0.3公分，重量3.6克。古玩市場一枚品相較好者售價約1500元台幣左右。

大泉五十合面

契刀頭

　　漢代王莽掌權時代的貨幣，鑄造於居攝二年（公元7年）屬「契刀五百」斷柄貨幣，銅質。錢幣直徑2.85公分，孔徑0.75公分，厚度0.3公分，重量9.4克。估計行用與「大泉五十」相當，存世不多。《歷代古錢圖說》定價爲一元銀元，古玩市場一枚品相較好者售價約3000元台幣左右。

契刀頭

貨泉銅範

　　是鑄造貨泉錢幣的範模。用銅範鑄造錢幣最早始於商末「蟻鼻錢」的鑄造，迄今考古已發現了五件銅貝範模。漢代前多以陶範、石範來鑄造錢幣，這種工藝易損範模，費時費工，勞動強度大。漢代後逐漸淘汰陶範、石範，改應用銅範鑄造錢幣。此貨泉銅範模是已故錢幣大師馬定祥舊藏，由馬傳德先生提供。長度7.5公分，寬度7公分，厚度1公分，重量263.7克。市場交易價約150000元台幣。

貨泉銅範

五銖陶範

是鑄造五銖錢幣的範模。有範和模二種，模中的文字爲陽文正書，是翻製範的工具，材料採用石或銅。範中的文字爲陰文反書，內有溝槽，以便灌注金屬溶液，材料採用陶、石或銅。用陶範鑄造錢幣，是最早的鑄幣工藝模式。這種工藝從春秋戰國一直延續到漢。此五銖陶範是已故錢幣大師馬定祥舊藏，由馬傳德先生提供。長度7.15公分，寬度6.9公分，圓孔1.4公分，厚度0.5公分，重量34.2克。

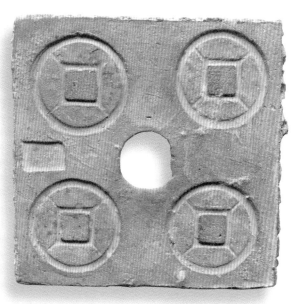

五銖陶範

第四章

三國貨幣

大泉二千

鑄造於三國東吳，大約在赤烏元年（公元238年）流通於市面，存世較罕。《歷代古錢圖說》定價五十元銀元，目前古玩市場交易價在台幣40000元左右。此「大泉二千」是已故錢幣大師馬定祥舊藏，由馬傳德先生提供藏品。直徑3.25公分，孔徑1.5公分，厚度0.3公分，重量9.15克。

大泉二千

直百五銖

三國時代的貨幣，劉備鑄於建安十九年（公元214年）。錢背陰刻有多種文字，有「工、為」等。錢幣直徑2.75公分，孔徑1.1公分，厚度0.19公分，重量6.65克。《歷代古錢圖說》定價為一塊銀元，古玩市場一枚品相較好者售價約750元台幣左右。

直百五銖

定平一百

　　三國時代的貨幣，錢型薄小，屬於輕小窳劣貨幣。錢幣直徑1.72公分，孔徑0.75公分，厚度0.9公分，重量1.1克。《歷代古錢圖說》定價為二塊銀元，古玩市場一枚品相較好者售價600元台幣左右。

定平一百

太平百金

　　三國時代的貨幣，錢型薄小，屬於輕小窳劣貨幣。《歷代古錢圖說》定價為一塊銀元，古玩市場一枚品相較好者售價約500元台幣左右。

直徑：1.73公分
厚度：0.12公分
孔徑：0.8公分
重量：0.9克

（傳形）直徑：1.65公分
孔徑：0.8公分
厚度：0.8公分
重量：0.8克

太平百金

第五章

唐 代 貨 幣

開元通寶

　　唐高祖武德四年（公元621年）開始鑄造，也有人讀作「開通元寶」。錢文爲隸書，飄逸端莊，是唐代大書法家歐陽詢所書。「開元通寶」的發行也宣告自秦以來流通了幾百年的銖兩貨幣的終結，中國的幣制正式脫離以重量爲名稱的銖兩體系而發展爲通寶幣制，從此，中國的方孔貨幣就以「通寶、元寶」相稱。

　　「開元通寶」每十文重一兩，也是中國衡制改爲十進位的關鍵。行用主要以小平錢幣爲主，大額錢罕見（大額錢幣可能是開爐錢的試鑄品，並不參與流通）。小平錢的版別較多，「元」字的第二筆有「左挑、右挑、不挑、雙挑」，錢面有「右下星、左下星、三星、四星」，還有大字、小字之分。錢背有「上星、下星、左星、右星、雙星、四星、孕

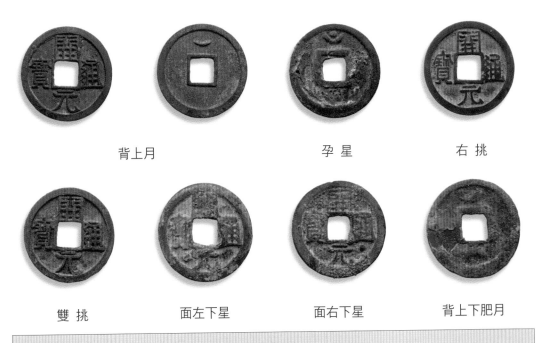

| 背上月 | 孕 星 | 右 挑 |

| 雙 挑 | 面左下星 | 面右下星 | 背上下肥月 |

| 開元通寶背上月 | | | |
| 直徑：2.5公分 | 孔徑：0.7公分 | 厚度：0.15公分 | 重量：4.25克 |

星、上月、下月、左月、右月、四月」等。「開元通寶」背月，過去有人說是唐代楊貴妃的指甲痕遺留在鑄幣上，這是臆想出來的故事，沒有歷史和科學依據，其實際的意義是開爐鑄錢的爐別記號。

會昌開元

鑄造於唐代會昌五年（公元845年）錢幣正面文字還是「開元通寶」，但不是初唐時期的「開元通寶」，二者有著根本的區別，「會昌開元」的錢幣反面均加鑄了各類文字，如「昌、京、洪、福、永、丹、平、越、宣、益、藍、興」等，有23種，而初唐時期的「開元通寶」沒有。「會昌開元」是由淮南（今揚州）節度使李紳於新錢背加「昌」字以紀年號，於是各地鑄爐紛紛以本州郡名為背文鑄之。其中「福、永、丹、平」較為少見，尤其是背「永」字更加罕見。普通的「會昌開元」市場交易價在100～500元台幣。

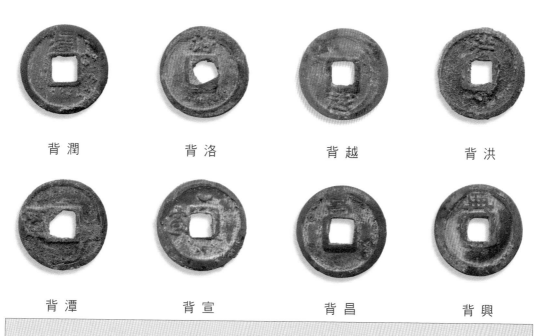

背潤　　　　　背洛　　　　　背越　　　　　背洪

背潭　　　　　背宣　　　　　背昌　　　　　背興

會昌開元背潤
直徑：2.4公分	孔徑：0.65公分	厚度：0.18公分	重量：3.65克

得一元寶、順天元寶

二種古幣相繼鑄造於安史之亂時期。唐代天寶年間，雖為唐王朝強盛時期，但是政治日趨腐敗，唐玄宗自接納楊玉環為貴妃後，整天沉迷於酒色之中，不問國事，造成朝政混亂，各地豪強割據。天寶十四年（公元755年）身兼范陽、平盧、河東節度使的安祿山串通部將史思明發動叛亂，不及一月，安史叛軍就渡過黃河，佔領了洛陽，自

稱大燕皇帝，年號「聖武」。連續戰爭耗資巨大，為了解決大量的軍費開支問題，安祿山、史思明在洛陽熔佛寺銅器，先後鑄造了「得一元寶、順天元寶」二種軍用貨幣，以一當百流通於市面。歷經八年的安祿山、史思明之亂被平定後，「得一元寶、順天元寶」也隨之回收熔化，如今留傳存世比較少，故泉界有「順天易得，得一難求」之說。《歷代古錢圖說》將「得一元寶」定價為四元銀元，現今古玩市場售價在15000元台幣左右；「順天元寶」定價為五角銀元，現今古玩市場售價在7500元台幣左右。遺憾的是古玩市場所見絕大部分是贗品，尤其「得一元寶」偽品極多，初涉錢幣收藏者要格外小心，以免造成不必要經濟損失。

得一元寶

| 直徑：3.5公分 | 孔徑：0.9公分 | 厚度：0.16公分 | 重量：13克 |

順天元寶

| 直徑：3.7公分 | 孔徑：0.8公分 | 厚度：0.35公分 | 重量：29.1克 |

第六章
五代十國貨幣

漢元通寶

　　銅質小平，鑄於乾祐元年（公元948年）。錢文字體仿前朝「開元通寶」，錢面、錢背有星、月，此類幣比較多見。錢幣直徑2.4公分，孔徑0.6公分，厚度0.13公分，重量3.9克。《歷代古錢圖說》定價四角銀元，市場售價在400元台幣左右。

漢元通寶

通正元寶

　　銅質小平，鑄於通正元年（公元916年）。錢型字體仿前朝「開元通寶」，錢背有星、月紋，此類幣不多見。錢幣直徑2.3公分，孔徑0.65公分，厚度0.15公分，重量3.75克。《歷代古錢圖說》定價一元銀元，市場售價在2500元台幣左右。

通正元寶

光天元寶

　　銅質小平，鑄於光天元年（公元918年）。錢文字體仿前朝「開元通寶」，錢背有星、月紋，此類幣比較多見。錢幣直徑2.3公分，孔徑0.6公分，厚度0.15公分，重量

光天元寶

3.45克。《歷代古錢圖說》定價三角銀元，市場售價在400元台幣左右。

天漢元寶

銅質小平，鑄於天漢元年（公元917年）。錢文字體仿前朝「開元通寶」，錢背有星、月紋，此類幣比較多見。錢幣直徑2.23公分，孔徑0.7公分，厚度0.17公分，重量3.9克。《歷代古錢圖說》定價五角銀元，市場售價在400元台幣左右。

天漢元寶

乾德元寶

小平錢鑄造於前蜀（公元919—924年），版別有小字、大字版別之分。折五型銅錢在丁福保先生著《古錢大辭典》中載有拓圖，定價為200元銀元。

《古錢幣圖解》敘述，此枚古錢為前蜀王建之子王衍乾德年間所鑄，僅見於前清張叔未拓本，因實物失傳，無法作進一步研究。彭信威先生著《中國貨幣史》只敘述了前蜀王衍鑄有「乾德元寶」，但折五型大錢未提。

有觀點認為，帶環「乾德元寶」折五型銅錢應屬花錢類。又有觀點認為，把環鋸掉便是正用錢。於是，在1996年《安徽錢幣》第三期，「錢誤之正二則」中以此枚「乾德元寶」折五型古錢的出現證前清張叔未舊藏是一枚鋸掉環的偽錢，並提出「民俗錢」或「宋代所鑄」的看法。然2001年《中國錢幣》雜誌第一期，刊載了天津市歷史博物館館藏「唐、五代十國錢」圖片，其中就有「乾德元寶」折五型大錢三枚，但錢首端無環，唯觀「圖拓四」，首端有凹缺，憑經驗推測應該是澆鑄口。那麼作為「民俗花錢」類，首先要有玩賞功能，從文字上看只是體現了該錢年號，從形制、銅質上看符合當時的特證，從橫直徑尺寸為3.5公分來看體現了折三以上幣值，幣背上月紋代表爐別記號，僅憑該錢首端有環，就判斷前清張叔未舊藏是一枚鋸掉環的偽錢，那麼天津市歷史博物館館藏又該如何解釋？至於該錢鑄造於「前蜀」還是「宋代」，筆者

將該錢的書體與北宋的「祥符元寶」作了比較研究，發現「元」字的寫法有著驚人的相似處。當然，僅憑北宋有過「乾德」年號尚不足以下定論，還有待考證商榷。筆者認為，帶環「乾德元寶」大錢不但不是一枚鋸掉環的偽錢，反而是一枚澆鑄口留有銅把未銼磨掉環的珍品大錢。2007年北京嘉德拍賣會上編號6046拍品，就是一枚帶環「乾德元寶」大錢，以人民幣12100元成交。這一事實充分說明了此枚帶環「乾德元寶」大錢的經濟價值和文物價值。

乾德元寶（帶環），此幣直徑3.5公分，孔徑0.8公分，厚度0.2公分，重量12克。市場售價為125000元台幣左右。

乾德元寶（帶環）

乾德元寶小平（大字），此幣直徑2.4公分，孔徑0.62公分，厚度0.11公分，重量3.5克。《歷代古錢圖說》定價為3角銀元，市場售價約250元台幣。

乾德元寶小平（大字）

乾德元寶小平（小字），此幣直徑2.35公分，孔徑0.61公分，厚度0.1公分，重量3.35克。現今市場售價1000元台幣左右。

乾德元寶小平（小字）

永通泉貨

南唐李憬鑄於顯德五年（公元958年），有銅、鐵二種，以一當十，錢文有篆、隸二種，篆體比隸體的還要罕見。幾年前安徽蕪湖長江裏出水了不少「永通泉貨」鐵錢，接著鐵質的偽錢大量湧入市場，不易識別。此枚銅質隸體「永通泉貨」直徑4.05公分，孔徑0.92公分，厚度0.22公分，重量15.5克。《歷代古錢圖說》定價六十元銀元，市場售價150000元台幣左右。

永通泉貨

永通泉貨（鐵質）罕見。直徑4.05公分，孔徑0.85公分，厚度0.25公分，重量12.25克，市場售價5000元台幣左右。由合肥王羊先生提供藏品。

永通泉貨（鐵質）

唐國通寶

南唐李璟鑄於顯德六年（公元959年）。有小平、折十型兩類，小平有銅、鐵兩種，錢文有篆、隸、楷等，篆體折十型大錢較少見。此枚銅質篆體「唐國通寶」直徑3.2公分，孔徑0.8公分，厚度0.25公分，重量11.25克。《歷代古錢圖說》定價為廿元銀元，古玩市場售價40000元台幣左右。

唐國通寶

唐國通寶小平大樣。直徑2.8公分，孔徑0.6公分，厚度0.17公分，重量5.3克。銅質，字體為篆體，遒勁有力，相傳篆、楷二體是書法家徐鉉墨蹟。此為寬字版大樣，實屬罕見。市場售價60000元台幣左右。

唐國通寶篆書小平文字有濶狹
之分，濶字者稍少，此濶字版大樣
寬緣，尤為罕見。益體初出時以一
當二枚開元錢，可補火籍不足。
　吳雄勝友于常品中覓得此錢
足見泉識高明。可欽可賀
　　　　　辛未孟秋孫仲滙書

錢幣專家孫仲滙為唐國通寶小平大樣所做跋語　　　唐國通寶小平大樣

永安一千

鑄造於五代，有「永安一十、永安一百、永安五百、永安一千」等，有銅質、鐵質二種，銅少鐵多。過去有人認為永安錢是遼、西夏鑄造，也有認為是南唐或安祿山鑄造。根據有關出土資料來看，還是由劉仁恭父子佔據幽州後鑄造，時間為公元911－913年。鐵質「永安一千」有大小二種，大的《歷代古錢圖說》定價十元銀元，小的定價五元銀元，都比較少見。

假鐵錢一直被藏家公認為「鐵老虎」，因鐵錢作偽相對要比銅錢來的容易些，鑄後埋進土中沒有幾年就能鏽跡斑斑，一般不易識別，建議對這類「鐵老虎」敬而遠之。此幣是已故的錢幣大師馬定祥舊藏，由馬傳德先生提供藏品。錢幣直徑4.55公分，孔徑0.9公分，厚度0.35公分，重量39.75克。

永安一千（鐵）

第七章
宋代貨幣

宋元通寶

鑄於北宋建隆元年（公元960年）。此枚為異書隸體小平，錢幣直徑2.5公分，孔徑0.65公分，厚度0.12公分，重量5.1克，銅質，古玩市場售價在50000元台幣左右，存世極罕見。

宋元通寶

宋元通寶異書真品，乃仿開元形制，昔沈子槎先生藏有一枚，即刊於歷代古錢圖說者，與此版式不同，係初鑄時物，存世罕見。張運強友所藏。

一九九三·一·七　孫仲匯

錢幣專家孫仲匯為異書宋元通寶所做跋語

咸平元寶

　　鑄於北宋咸平元年（公元998年），特大型較罕見，當時主要流通於四川地區。此枚「咸平元寶」特大型錢幣是已故的錢幣大師馬定祥舊藏，由馬傳德先生提供。錢幣直徑6.68公分，孔徑0.45公分，厚度0.85公分，重量169.3克。

咸平元寶

至和重寶

鑄於北宋至和年間。（公元 1054 年）此枚錢幣爲楷體折二型，直徑 2.95 公分，孔徑 0.65 公分，厚度 0.23 公分，重量 7.8 克，銅質，存世少見。《歷代古錢圖說》定價廿五元銀元，目前古玩市場售價在 40000 元台幣左右。

至和重寶

元豐通寶

鑄於宋代元豐年間。鑄量居宋代各年號錢幣之冠，又以版別多而繁雜著稱。隸書「元豐」屬多種版別之一，錢文是宋代大書法家蘇東坡親筆題寫，小字者多，大字者罕。此枚銅質大字隸書「元豐通寶」，生坑綠鏽，幣徑 2.55 公分，孔徑 0.75 公分，厚度 0.2 公分，重量 5.3 克。丁福保編撰的《歷代古錢圖說》定價四十元銀元，現今交易估計在台幣 60000 元左右，但古玩市場難得一見，偶然出現十有八九屬贗品。

元豐通寶（中國）

還有一種鑄於日本的隸書「元豐通寶」，幣徑 2.35 公分，孔徑 0.55 公分，厚度 0.15 公分，重量 3.55 克。混於中國歷代貨幣中，偶爾被初涉古幣者發現，誤認爲宋代隸書「元豐通寶」，實則不然。二者的不同點就在於繁體「豐」字，中國北宋「元豐通寶」的豐字頭爲「雙丰頭」。俗稱「東坡元豐」，而日本「元豐通寶」的豐字頭爲曲字頭。《歷代古錢圖說》將日本的隸書「元豐通寶」定價二分銀元，現交易價在台幣 100 元左右。可見同樣是古幣，其價值差別巨大，切勿混淆。

元豐通寶（日本）

聖宋元寶

鑄於北宋，有小平、折二型，銅、鐵二種，錢文有篆、行、隸等，版別多而繁雜，其中「長字版開禧元」或稱「長大褂」稀罕。此枚篆體小平「聖宋元寶」錢幣直徑2.5公分，孔徑0.6公分，厚度0.2公分，重量4.85克，銅質。版式與歷代錢譜著錄的基本相同，唯有錢背下鑄有一顆星紋，歷代錢譜中「聖宋元寶」只有折二鐵錢有星月紋出現，但銅質小平背下星紋歷代錢譜無載，實屬罕見，可補史籍不足。古玩市場售價在50000元台幣左右。

聖宋元寶（背穿下星）

聖宋元寶篆體小平，這種版別稱為「中冠」或「半大褂」。錢幣直徑2.56公分，孔徑0.65公分，厚度0.23公分，重量5.1克，銅質。《古錢大辭典》定價二元銀元，目前古玩市場售價在2500元台幣左右。

聖宋元寶（中冠）

聖宋通寶

鑄於北宋建中靖國元年（公元1101年）。此枚聖宋通寶背當伍極其罕見。是已故

聖宋通寶

錢幣大師馬定祥舊藏，由馬傳德先生提供。錢幣直徑2.5公分，孔徑0.61公分，厚度0.12公分，重量4.15克。《歷代古錢圖說》定價為六百元銀元。

崇寧通寶

鑄於北宋崇寧年間，有小平、折十型二種，小平少見，折十型較多。錢文書體為宋徽宗趙佶所書。書法為瘦金體，飄逸瀟灑，精美絕倫，可謂「鐵劃銀鉤」之稱。一般小平錢幣直徑2.4公分，孔徑0.8公分，厚度0.15公分，重量5克，銅質。《歷代古錢圖說》定價一元銀元，目前古玩市場售價在4000元台幣左右，但不多見。

崇寧通寶小平
直徑：2.45公分
孔徑：0.6公分
厚度：0.17公分
重量：3.75克

崇寧通寶小平
直徑：2.4公分
孔徑：0.58公分
厚度：0.17公分
重量：3.6克

崇寧通寶小平
直徑：2.5公分
孔徑：0.7公分
厚度：0.17公分
重量：4.75克

崇寧重寶

鑄於北宋崇寧年間，有小平、折十型，由銅、鐵二種材料鑄成。折十型流傳存世比較多，錢文傳說是蔡京手書，普通品市場售價在25元台幣左右。折十型母錢較罕見。此母錢直徑3.6公分，孔徑0.83公分，厚度0.3公分，重量11.3克。售價在50000元台幣左右。鐵母售價在30000元台幣左右。

崇寧重寶折十（母錢）

直徑：3.6公分

孔徑：0.83公分

厚度：0.3公分

重量：11.3克

崇寧重寶折十（鐵母）

直徑：3.5公分

孔徑：0.83公分

厚度：0.28公分

重量：11.8克

大觀通寶

鑄於北宋大觀年間，有小平、折二、折三、折五、折十型五種，銅、鐵二種材料鑄成，錢文為宋徽宗趙佶所書。小平、折十型傳世比較多，折二、折三、折五型三種較少見。

大觀通寶小平（大樣）

直徑：2.6公分

孔徑：0.55公分

厚度：0.17公分

重量：4克

大觀通寶折三
直徑：3.43公分
孔徑：0.8公分
厚度：0.3公分
重量：11.9克

大觀通寶折十（大樣）
直徑：4.17公分
孔徑：1.07公分
厚度：0.34公分
重量：18.3克

　　古錢幣中的「母錢、鐵母」又稱「鑄母」由「雕母」直接翻鑄而來。母錢是中央和地方財政所做的標準樣板錢，用於翻鑄流通貨幣；鐵母則是為翻鑄鐵錢而製造的母錢。二者以其存世稀罕、難得而一直被錢幣收藏界視為珍寶。由於現實中很難見到真正的「母錢、鐵母」，僅憑書刊中點滴知識，要想在常品中正確識別一枚「母錢、鐵母」極其不易。這是因為「母錢、鐵母」不會大量翻鑄，更不可能參與流通，只有在鑄錢作坊生產操作過程中不慎將極個別「母錢、鐵母」遺漏在「子錢」中，才有可能流通於市面（不排除其他存世因素）。儘管「母錢、鐵母」在自然流通中有磨損，或深埋地下產生嚴重銹蝕，但只要與常品比較，其仍具有明顯特徵。首先，「母錢、鐵母」表體及地章平整，無流銅，無明顯鏤刻痕跡。因「母錢、鐵母」在翻鑄成型後要經過仔細修整，包括修除毛糙部分及翻鑄時殘留在錢體上的流銅，越光潔平滑越好，這樣可以保證在拔模時不沾沙。而有人認為「母錢、鐵母」是由「雕母」直接翻鑄過來的，應該帶有「雕母」的原始刀痕。實際上「雕母」在翻鑄「母錢」前其本身也要修整，除了穿口未開，一般整修「雕母」要比修整「母錢、鐵母」方便，因為「雕母」多採用象牙、棗木、錫、鋁等軟材料製成，所以銅「雕母」的存世就更顯罕見珍貴。修整後的「雕母」翻鑄的「母錢、鐵母」在投入生產前再經過仔細修整，不可能有明顯鏤雕刀痕。即使有刀痕，也是修整「母錢、鐵母」所留或流銅未清除乾淨所致。觀錢文，「母錢、鐵母」字口如斬，筆鋒走勢清晰乾脆，不含糊，「點」、「捺」、「撇」、「鉤」、「豎」、「橫」棱角分明，而常品錢體及地張起伏不平，錢文字體聯結處有流銅，字口淺，筆鋒走勢軟、圓、無棱角。其次，「母錢、鐵母」大於常品，因「母錢、鐵母」翻鑄的「子錢」因熱脹冷縮，再加上鑄後還要滾邊銼

磨，一般要比「母錢、鐵母」小0.3公分～0.5公分。例如：小平銅錢直徑在2.4公分～2.5公分之間，「母錢、鐵母」直徑必定在2.7公分左右。「母錢、鐵母」的錢體陰、陽之處必須具備拔模斜度（斜度在60度左右），穿口、錢緣、文字規整。而常品錢體陰、陽之處較浮，無拔模斜度，穿口、錢緣、文字常常走形，整體不規範。

政和通寶（鐵母）

篆體，折二，錢幣直徑3.3公分，孔徑0.8公分，厚度0.3公分，重量13克，銅質，存世少見。《歷代古錢圖說》定價四十元銀元，目前古玩市場售價在60000元台幣左右。

政和通寶（鐵母）

政和通寶

鑄於北宋政和年間，有小平、折二型，由銅、鐵二種材料鑄成，包括篆、隸、楷書體多種版別。大字「政和通寶」是多種版別之一。錢幣直徑2.55公分，孔徑0.6公分，厚度0.2公分，重量3.9克，銅質。《歷代古錢圖說》定價五角銀元，古玩市場售價在2500元台幣。

政和通寶（大字）

重和通寶

鑄於北宋重和元年（公元1118年），僅有小平，書體篆、隸二種，文字端正，鑄工精美，存世罕見。錢幣直徑2.55公分，孔徑0.67公分，厚度0.2公分，重量4克，銅質。《歷代古錢圖說》定價廿元銀元，古玩市場售價在30000元台幣左右。此幣由濟南李紹浩先生提供。

重和通寶

宣和元寶

宣和元寶鑄於北宋宣和元年（公元1119年），有小平、折二、折三型，由銅、鐵二種材料鑄成，錢文爲宋徽宗趙佶所書，有篆、隸、楷等多種版別。此枚小字「宣和元寶」是多種版別之一，少見，由合肥柯昌建先生提供。錢幣直徑2.4公分，孔徑0.65公分，厚度0.15公分，重量4.3克，銅質。《歷代古錢圖說》定價六元銀元。古玩市場售價在5000元台幣左右。

宣和元寶

宣和元寶篆體大字鑄量遠少於小字「宣和元寶」，存世罕見。此枚「宣和元寶」大字由濟南李紹浩先生提供，錢幣直徑2.5公分，孔徑0.6公分，厚度0.2公分，重量4克，銅質。《歷代古錢圖說》定價十五元銀元，古玩市場售價在30000元台幣左右。

宣和元寶

宣和通寶

鑄於北宋宣和元年（公元1119年），有小平、折二、折三型，由銅、鐵二種材料鑄成，錢文爲宋徽宗趙佶所書，有篆、隸、楷三種書體，多種版別。銅色有白銅、黃銅之分，白銅錢幣好於黃銅錢幣，一般直徑2.4公分，孔徑0.8公分，厚度0.15公分，重量5克。古玩市場售價在500元台幣左右。

宣和通寶（白銅）
直徑：2.4公分
孔徑：0.65公分
厚度：0.17公分
重量：3.55克

宣和通寶（白銅）
直徑：2.45公分
孔徑：0.63公分
厚度：0.17公分
重量：3.7克

宣和通寶
直徑：2.43公分
孔徑：0.5公分
厚度：0.15公分
重量：3.35克

宣和通寶
直徑：2.4公分
孔徑：0.54公分
厚度：0.17公分
重量：4克

宣和通寶
直徑：2.43公分
孔徑：0.45公分
厚度：0.17公分
重量：4.25克

宣和通寶
直徑：2.45公分
孔徑：0.7公分
厚度：0.15公分
重量：3.7克

靖康元寶、靖康通寶

鑄造於北宋末年（公元1126－1127年），有小平、折二兩種。流通市面僅十二個月，隨著北宋而停鑄。所以靖康錢的存世並不多，出土更是鳳毛麟角。

據考古報導，1967年湖北黃石市發現窖藏古幣達11萬千克，其中發現有折二靖康篆、隸對錢。1974年西沙群島環礁發現明代沉船，內有古幣400餘千克，只有一枚靖康錢。筆者從《內蒙古金融研究》2000年增刊第一期中獲悉，在興和縣二臺子鄉出土700餘枚北宋古幣中發現一枚篆書折二靖康元寶。安徽省僅在1987年合肥市文管處回收的古幣中，發現一枚靖康元寶篆書折二錢，具體出土地點不詳。2000年5月份，合肥錢市發現一枚靖康元寶隸書折二錢，直徑3.1公分，孔徑0.9公分，厚度0.2公分，重量8.6克。經證實此幣出土於安徽壽縣，它宣告了安徽省自新中國成立以來無出土地點記錄的終結，為研究靖康錢在安徽流通等情況提供了寶貴資料。

靖康錢存世與出土如此之罕，給研究靖康年間貨幣經濟問題帶來不小的難度，因此一枚靖康錢的出土，不論何時、何地，均會引起錢幣界的重視。

那麼靖康錢為何鑄造量少呢？中國貨幣史中敘述：靖康元年正月二十七日金人圍城，朝廷又無能力抗金，被迫同金人議和，須用大量金銀來犒軍。於是對金銀的需要非常迫切，政府下令讓民間以黃金每兩二十貫，白銀每兩一貫五百文的官價將金銀賣給政府。隨著收購的進展而不斷提高收購價格，在中原引起了通貨膨脹。據史書記載：當時米價漲到每斗三千文，豬肉一斤六千文，驢肉一斤二千文，連一隻老鼠也要幾百個銅錢才能買到。同時，沉重的苛捐雜稅又引發各地農民紛紛起來造反，以方臘為代表的起義軍席捲南方半壁江山。不斷的戰亂，使人民苦不堪言，百姓將大量的銅錢埋入土中，傾家遠逃，造成市面嚴重錢荒。為擺脫錢荒及收購金銀時兌換的需要，鑄造貨幣是唯一的辦法。但是連年戰爭使國力耗盡，財用告匱，加上銅源嚴重缺乏，造成無法鑄造或少鑄貨幣。

靖康元寶篆書，折二型，此幣直徑3.1公分，孔徑0.7公分，厚度0.2公分，重量7.8克。《歷代古錢圖說》定價十二元銀元，古玩市場售價在30.000元台幣左右，存世少見。

靖康元寶（篆書）

靖康元寶隸書，折二型，此幣直徑3.1公分，孔徑0.9公分，厚度0.2公分，重量8.6克。《歷代古錢圖說》定價六元銀元，目前古玩市場售價在20.000元台幣左右，存世少見。

靖康元寶（隸書）

建炎通寶

鑄於南宋建炎元年（公元1127年）有小平、折二、折三型，由銅、鐵二種材料鑄成，書體有篆、楷多種版別。「建炎通寶」小平比北宋小平要少，一般錢幣直徑2.4公分，孔徑0.8公分，厚度0.15公分，重量5克，古玩市場售價在2000元台幣左右。

建炎通寶小平	
直徑：2.35公分	孔徑：0.6公分
厚度：0.16公分	重量：3.85克

建炎通寶小平	
直徑：2.45公分	孔徑：0.55公分
厚度：0.18公分	重量：3.8克

空貝建炎折二型銅錢，私鑄，錢幣直徑2.73公分，孔徑0.68公分，厚度0.1公分，重量3.5克，古玩市場售價在100元台幣左右。

建炎通寶（私鑄）

紹興元寶

鑄於南宋紹興元年（公元
1131年），有小平、折二、折
三型銅、鐵二種材料鑄成，書體
有篆、楷多種版別，錢文可能是
奸臣秦繪手書，有待考證。「紹
興元寶」小平錢較爲罕見，折二
型錢幣比較多見。錢幣直徑2.9
公分，孔徑0.6公分，厚度0.15
公分，重量6.2克。古玩市場售
價在50元台幣左右。

紹興元寶折二型鐵範銅，錢
幣直徑2.85公分，孔徑0.79公
分，厚度0.23公分，重量9.9
克。古玩市場售價在4000元台
幣左右。

紹興元寶（普通品）

紹興元寶（鐵範銅）

端平通寶長平

端平通寶短平

端平通寶

鑄於南宋端平元年
（公元1234年），有
小平、折二、折三、折
十型，由銅、鐵二種材
料鑄成，書體爲楷書，
有多種版別。「端平通
寶」折十型錢幣比較多
見，分長平、短平二
種，長的直徑3.7公
分，孔徑0.9公分，厚
度0.25公分，重量12.9
克，古玩市場售價在
300元台幣左右；短的
直徑3.5公分，孔徑0.9
公分，厚度0.25公分，
重量12.8克，古玩市場
售價在300元台幣左
右。

淳祐通寶

鑄於南宋，有小平、折二型、當百型，錢背文有紀年，鑄材有銅、鐵二種。當百有大小二種版別，錢文爲「淳祐通寶」。小的當百是減重錢，重量約18.6克，直徑3.5公分，厚0.3公分，存世量要少於大的「淳祐通寶」當百錢，《歷代古錢圖說》定價三元銀元，目前古玩市場售價在7500元台幣左右；大的當百重量約47克，直徑5.1公分，厚0.4公分，《歷代古錢圖說》定價二元銀元，目前古玩市場售價在7500元台幣左右。另有「淳祐通寶」素背，存世極罕見。

淳祐通寶（小）

淳祐通寶（大）

淳祐元寶

小平錢幣鑄於南宋年間，背文有紀年，此枚「淳祐元寶」錢背上十下一，鑄造量少於其他紀年品種，銅質。錢幣直徑2.4公分，孔徑0.7公分，厚度0.1公分，重量2.9克，《歷代古錢圖說》定價五元銀元，古玩市場一枚品相較好者售價在2500元台幣左右。

淳祐元寶

南康軍錢牌

　　南康軍錢牌是近年來發現的地方鑄幣，爲錫材鑄成，面銘文從右到左豎排鑄，內容是：「南康軍……捌界……」，背鑄有銘文「使……」。此枚錢牌是殘件，不能展現錢牌全貌，按常理推斷，面銘文從右到左應該鑄有「南康軍准壹拾捌界文」；背銘文應上部鑄有「使」，下部鑄有宋代的「花押」。

　　查有關資料，面銘文「南康軍」是宋太平興國七年（公元982年），分洪、江等州置軍，治所在星子（今縣）。轄境相當於今江西星子、永修、都昌等地。元至元中升爲路，明初改爲西寧府，不久又改爲南康府，1912年廢。三地地理位置均在鄱陽湖北面一帶，緊挨江西省九江市，爲古時主要水陸交通要道。背銘文「使」字指的是當地的轉運使或轉運副使。這就說明此枚錢牌同南宋「臨安府錢牌」一樣屬於地方鑄行的貨幣，限於今江西省星子、永修、都昌一帶使用。

南康軍錢牌殘件

寬度：2.8公分　　　高度：3.1公分　　　厚度：0.2公分　　　重量：8克

　　《錢幣鑑賞》有過關於和州鉛牌的敘述，1990年《中國錢幣》刊載過一枚南宋和州鉛牌，1996年《中國錢幣》再次刊載一枚南宋江州鉛牌，2001年《中國收藏》第八期刊載了南宋官府鑄鉛「錢牌」。這充分說明南宋除了臨安府（今杭州）鑄有「臨安府錢牌」外，其他地區還有類似錢牌存在。然而，此枚「南康軍錢牌」出現除了有類似共同特點外，不但銘文不同，而且錫材含量之高也屬前所未見，可補史籍不足。「它」的身價應是無定價，文物價值更高。

第八章
遼代貨幣

重熙通寶

銅質小平錢，於遼代重熙年間。錢幣直徑2.4公分，孔徑0.7公分，厚度0.12公分，重量4克。《歷代古錢圖說》定價十元銀元，古玩市場售價在5,000元台幣左右，存世少見。

重熙通寶

千秋萬歲

鑄於遼代，有大小不等、多種版別的錢幣存世，存世量較少。有的把「千秋萬歲」歸於民俗「花錢」一檔。此「千秋萬歲」錢幣直徑2.45公分，孔徑0.63公分，厚度0.1公分，重量3克，銅質，由合肥柯昌建先生提供。

千秋萬世

天贊通寶

唐末五代時期西北各民族崛起，契丹族建立了王朝，稱遼，對漢族皇朝施以巨大的軍事壓力，政治經濟方面汲取漢族先進文化，設官立制，鼓勵農商，逐步進入貨幣經

天贊通寶

濟階段，鑄造發行了「天贊通寶、天顯通寶、天祿通寶、應曆通寶、保寧通寶、統和元寶、重熙通寶、清寧通寶、咸雍通寶、大康通寶、大安元寶、壽昌元寶、乾統元寶、天慶元寶、千秋萬歲」等貨幣。其中「天贊通寶」存世極其罕見，此枚「天贊通寶」是錢幣大師馬定祥舊藏，由馬傳德先生提供。錢幣直徑2.33公分，孔徑0.62公分，厚度0.1公分，重量3.15克。

　　舊時有人認為天贊通寶文字形制與安南錢接近，但眾說不一。民國時期的丁福保、鄭家相、馬定祥、張宗儒、張絅伯、楊成麒、戴葆庭、羅伯昭、孫鼎等錢幣收藏家，一致認可「天贊通寶」為契丹族遼王朝所鑄，並紛紛鈐印，為我們後人研究遼代貨幣文化奠定了基礎。

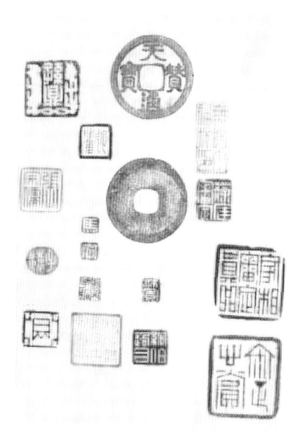

眾多錢幣收藏家為「天贊通寶」鈐印

第九章

金代貨幣

泰和重寶

鑄於金代泰和年間，折十型有大小二種版別，折三型罕見。錢文書體爲玉筋篆，相傳出自大書法家黨懷英之手。錢幣直徑 4.45 公分，厚度 0.32 公分，孔徑 1.1 公分，重量 18.45 克。《歷代古錢圖說》定價五角銀元，市場交易價約台幣 10000 元。

泰和重寶

大定通寶

鑄於金代大定年間，有小平銅、鐵二種錢幣，錢文書體爲瘦金體，錢背有申、酉等文字。錢幣直徑 2.5 公分，孔徑 0.7 公分，厚度 0.15 公分，重量 4 克。《歷代古錢圖說》定價五分銀元，市場交易價約台幣 100 元。

大定通寶

大定通寶鐵母存世少見，此錢幣直徑2.6公分，孔徑0.6公分，厚度0.2公分，重量5克。此大定通寶鐵母由濟南李紹浩先生提供。

大定通寶（鐵母）

正隆元寶

鑄於金代正隆三年（公元1158年），有小平銅、鐵二種錢幣，錢文書體爲瘦金體，存世較多，俗稱「五筆正隆」的錢幣較少見。錢幣直徑2.5公分，孔徑0.57公分，厚度0.15公分，重量3.9克。普通品種的「正隆元寶」《歷代古錢圖說》定價五分銀元，市場交易價約台幣50元。

正隆元寶

第十章

元 代 貨 幣

延祐元寶、至元戊寅、至治元年錢幣

元代距今已有700多年，當時在各寺廟掌管下鑄造了一些文字草率、形制粗陋又與佛教相關的錢幣，稱之為「供養錢」，一般不作流通，有時也拿來饋贈進香的善男信女，特殊情況也可進入貨幣流通，幫助寺廟開支。

如今留傳民間的供養錢較為罕見。已故錢幣學家丁福保著《歷代古錢圖說》中定價在5～30元銀元，而今《簡明錢幣辭典》對其定級均在二級以上，目前錢市以品相優劣定價在15000元台幣左右。遺憾的是有價無貨，錢市所見大多是偽品，古幣愛好者在購買時要認真審之，謹防上當受騙。

延祐元寶（稀罕）	
直徑：1公分	厚度：0.15公分
孔徑：0.15公分	重量：0.7克
（面文「宝」字為簡體）	

至元戊寅 背香殿（罕見）
直徑：1.75公分
孔徑：0.35公分
厚度：0.21公分
重量：2.8克

至治元年（罕見）
直徑：1.48公分
孔徑：0.4公分
厚度：0.18公分
重量：1.8克

至正通寶

鑄於元代元順帝至正十年（公元1350年）。有小平、折二、折三、折五、折十型等多種面額，與紙幣《至正交鈔》同時流通於市面。銅錢大致可以分為三類：第一類是地支紀年，在至正十年至十四年間鑄造，錢背鑄有蒙文「寅、卯、辰、巳、午」五種；第二類是天干紀年、紀值，錢背較為複雜，有蒙、漢兩種文字，有些只有蒙文，如幣背「戌、五」，「亥、十」等；第三類是紀值、紀重，如幣背「十、壹兩重」等。圖中的至正通寶為折十型銅錢，幣面為隱起文，幣背鑄有蒙文「十」字，重量30克，直徑4.2公分，穿徑1.15公分，厚度0.25公分。此幣與折二型類同，存世較多。古玩市場售價一般在750元～1500元台幣。《歷代古錢圖說》定價五角銀元，其他至正通寶品種較為稀少，古玩市場售價一般在2500元～80000元台幣。但須注意古玩市場上至正通寶錢絕大部分的都是贋幣。它們與真幣比較有很大區別。偽幣銅質較黃，錢型厚重，書體窳劣；而真幣銅質為水紅色，字體遒勁（是元末書法家周伯琦手筆），磨損自然。集幣者在購買時要認真審之，切勿上當受騙。

至正通寶

至大通寶

鑄於元代至大二年（公元1309年）。有小平、折二型銅錢流通市面，折二型罕見，存世多為小平。錢幣直徑2.35公分，孔徑0.55公分，厚度0.2公分，重量4.1克。《歷代古錢圖說》定價一角銀元，古玩市場售價在50元台幣左右。

至大通寶

大元通寶

　　鑄於元代至大二年（公元1309年）。有小平、折十型銅錢流通市面，小平錢漢文書體者罕見，存世多爲折十型八思巴文書體。錢幣直徑4.22公分，孔徑1公分，厚度0.4公分，重量20.6克。《歷代古錢圖說》定價三角銀元，古玩市場售價在1000元台幣。

大元通寶

天佑通寶

　　元代末年，由於統治者腐敗、貪婪又殘暴，不斷引起各地農民起義，社會動盪，經濟瀕於崩潰，貨幣極度貶值。元代末年張士誠起兵於江蘇高郵，佔據江淮一帶，國號爲「大周」，後改爲「天佑」（公元1354年）。張士誠攻克蘇州（公元1356年）後，爲了恢復經濟，促進商品流通，繁榮市場，毀了承天寺銅佛鑄「天佑通寶」。幣面文字爲楷體，幣背爲篆體，分小平、折二、折三、折五型四種面額流通於市面。張士誠起義軍被朱元璋擊敗後，「天佑通寶」也隨之消失。而今對元末起義軍政權的鑄幣，藏泉家多視爲珍品。「天佑通寶」小平、折二型兩種極罕見，現古玩市場行情每枚達數萬元。折三、折五型也極珍貴。折五型銅質「天佑通寶」直徑4公分，孔徑1.15公分，厚度0.2公分，重量18克。《歷代古錢圖說》定價3元銀元。古玩市場售價在25000元台幣左右。

天佑通寶

大義通寶

起義軍陳友諒鑄於大義年間（公元1360—1361年），有小平、折二、折三型，在湖北、江西一帶流通了5年之久。留存的三種錢幣形制不精。此枚「大義通寶」折三型銅錢直徑3.1公分，孔徑0.63公分，厚度0.3公分，重量11.5克，堪稱「大義通寶」錢幣中的精品。

大義通寶

第十一章

第十一章

明代貨幣

大中通寶

　　鑄於元末，有小平、折二、折三、折五、折十型銅錢流通於市面，錢背文字多寡不一。在製作上有大小、輕重、厚薄之分。

大中通寶小平錢背下豫

直徑：2.5公分

孔徑：0.6公分

厚度：0.1公分

重量：4克

大中通寶　折十型素背

直徑：4.48公分　　　孔徑：1.4公分　　　厚度：0.25公分　　　重量：18.5克

大中通寶折十型，錢背上十，錢幣直徑4.6公分，孔徑1.2公分，厚度0.32公分，重量25.15克。《歷代古錢圖說》定價一角銀元，古玩市場交易價2000元台幣。

大中通寶折十型

洪武通寶

鑄於明代洪武元年（公元1368年），繼大中通寶後鑄幣。有小平、折二、折三、折五、折十型銅錢流通於市面，錢背文字多寡不一。在製作上有大小、輕重、厚薄之分。

洪武通寶小平錢背下福多見。錢幣直徑2.35公分，孔徑0.6公分，厚度0.17公分，重量3.8克。《歷代古錢圖說》定價一角銀元，古玩市場交易價約150元台幣。

洪武通寶小平錢背下福

洪武通寶小平錢背上浙多見，錢幣直徑2.45公分，孔徑0.6公分，厚度0.15公分，重量3.9克。《歷代古錢圖說》定價五分銀元，古玩市場交易價約150元台幣。

洪武通寶小平錢背上浙

洪武通寶折二型錢背右二錢多見。錢幣直徑2.9公分，孔徑0.7公分，厚度0.1公分，重量5克。《歷代古錢圖說》定價二角銀元，古玩市場交易價約250元台幣。

洪武通寶折二型錢背右二錢

洪武通寶折十型錢背上十右一兩多見。錢幣直徑4.55公分，孔徑1公分，厚度0.4公分，重量32.3克。《歷代古錢圖說》定價五角銀元，古玩市場交易價2500元台幣。

洪武通寶折十型錢背上十右一兩

洪武通寶折十型錢背上京右十多見。錢幣直徑4.7公分，孔徑1.3公分，厚度0.3公分，重量29.12克。《歷代古錢圖說》定價三角銀元，古玩市場交易價2500元台幣左右。

洪武通寶折十型錢背上京右十

永樂通寶

鑄於明代永樂六年（公元 1408 年），只有小平銅錢流通於市面，版別略有變化。錢幣直徑 2.45 公分，孔徑 0.6 公分，厚度 0.13 公分，重量 3.7 克。《歷代古錢圖說》定價二分銀元，古玩市場交易價 100 元台幣左右。

永樂通寶

宣德通寶

鑄於明代宣德八年（公元 1433 年），只有小平銅錢流通於市面，版別略有變化，錢幣直徑 2.45 公分，孔徑 0.47 公分，厚度 0.15 公分，重量 4 克。《歷代古錢圖說》定價五分銀元，古玩市場交易價 100 元台幣左右。

宣德通寶

弘治通寶

鑄於明代弘治十六年（公元 1503 年），有小平銅錢流通於市面，版別略有變化。錢幣直徑 2.36 公分，孔徑 0.7 公分，厚度 0.12 公分，重量 2.9 克。《歷代古錢圖說》定價一角銀元，古玩市場交易價 150 元台幣左右。

弘治通寶

嘉靖通寶

鑄於明代嘉靖六年（公元1527年），有小平銅錢流通於市面，版別略有變化。錢幣直徑2.6公分，孔徑0.55公分，厚度0.17公分，重量5克。《歷代古錢圖說》定價一角銀元，古玩市場交易價150元台幣左右。

嘉靖通寶

隆慶通寶

鑄於明代隆慶四年（公元1570年），有小平銅錢流通於市面。錢幣直徑2.5公分，孔徑0.6公分，厚度0.1公分，重量4.25克。《歷代古錢圖說》定價一角銀元，古玩市場交易價1000元台幣左右。

隆慶通寶

萬曆通寶

鑄於明代萬曆四年（公元1576年），有小平、折二銅錢流通於市面，錢背文字多寡不一。在製作上有大小、輕重、厚薄之分。

普通品小平錢幣直徑2.5公分，孔徑0.6公分，厚度0.12公分，重量4克。《歷代古錢圖說》定價三分銀元，市場交易價150元台幣左右。

萬曆通寶（普通品）

萬曆通寶小平錢雙點通素背不多見。錢幣直徑2.5公分，孔徑0.5公分，厚度0.14公分，重量4.1克。古玩市場交易價1000元台幣左右。

萬曆通寶小平錢雙點通素背

萬曆通寶折二型，錢幣直徑2.9公分，孔徑0.65公分，厚度0.12公分，重量4.2克。《歷代古錢圖說》定價二角銀元，市場交易價750元台幣左右。

萬曆通寶折二型

合面錢是在鑄造過程中，錯將二件帶有文字的古錢面合攏在一起澆鑄的銅錢，俗稱「合面錢」。

反之，錯將二件古錢背合攏在一起澆鑄的銅錢，俗稱「合背錢」。此錯版古錢如同現在使用的台幣及郵票發生錯版一樣，始終受到古幣收藏家們的青睞。

據考，合面、合背錯幣在歷朝歷代貨幣中均有發現，除西漢「五銖」、王莽所鑄的「大泉五十、貨泉」、明代的「天啓通寶」折十型銅錢較常見外，其他各朝代都比較罕見。目前隨著古幣愛好者不斷增加，對此類幣需求更加突出，一枚真正的合面錢、合背錢在錢市價位以品相優劣計，少則幾百元，多則上千上萬元乃是常事。

一些不法古錢商為牟取不義之財，挖空心思製造偽品。有的用真幣翻模鑄造，有的還用二枚真幣將錢面或錢背磨平，用膠黏合，再加修整，使其變成的合面錢或合背錢，其詐騙性很強，上當者不乏其人。當然對合面錢、合背錢的真偽也是可以識別的，除仔細審視之外，還可以將它離地10公分左右摔在地面，聽其聲音，如聲音沉悶或沙啞，必假無疑。

萬曆通寶小平合背錢錢幣直徑2.65公分，孔徑0.5公分，厚度0.12公分，重量4.8克。《歷代古錢圖說》定價一元銀元，古玩市場交易價6000元台幣左右。

萬曆通寶小平合背錢

泰昌通寶

　　鑄於明代天啓元年（公元1621年），有小平、折二型銅錢流通於市面，錢背有星月紋。在製作上有大小、輕重、厚薄之分。

　　泰昌通寶小平錢背上星，錢幣直徑2.5公分，孔徑0.5公分，厚度0.1公分，重量3.2克。《歷代古錢圖說》定價五分銀元，古玩市場交易價200元台幣左右。

泰昌通寶小平錢背上星

　　泰昌通寶小平錢大字素背，錢幣直徑2.6公分，孔徑0.5公分，厚度0.1公分，重量4克。古玩市場交易價400元台幣左右。

泰昌通寶小平錢小字素背

　　泰昌通寶小平錢大字素背，錢幣直徑2.55公分，孔徑0.5公分，厚度0.1公分，重量3.2克。《歷代古錢圖說》定價五分銀元，古玩市場交易價100元台幣左右。

泰昌通寶小平錢大字素背

天啟通寶

鑄於明代天啟元年（公元1621年），有小平、折二、折十型銅錢流通於市面，錢背有星月紋、文字多寡不一。在製作上錢幣有大小、輕重、厚薄之分，較為複雜。

天啟通寶小平錢背上浙（「浙」是指浙江所鑄），錢幣直徑2.5公分，孔徑0.52公分，厚度0.14公分，重量3.7克。《歷代古錢圖說》定價一角銀元，古玩市場交易價750元台幣左右。

天啟通寶小平錢背上浙

天啟通寶折二素背，錢幣直徑2.7公分，孔徑0.6公分，厚度0.14公分，重量6克。古玩市場交易價600元台幣左右。

天啟通寶折二型素背

天啟通寶小平錢背下工，錢幣直徑2.6公分，孔徑0.5公分，厚度0.1公分，重量3.3克。《歷代古錢圖說》定價一角銀元，古玩市場交易價250元台幣左右。

天啟通寶小平錢背下工

天啟通寶折十型錢背上府（「府」是指宣府鎮所鑄），錢幣直徑4.55公分，孔徑1公分，厚度0.25公分，重量23.4克。《歷代古錢圖說》定價一元銀元，古玩市場交易價20000元台幣左右。

天啟通寶折十型錢背上府

天啓通寶折十型錢背上十右一兩，錢幣直徑4.6公分，孔徑0.86公分，厚度0.28公分，重量28.9克。《歷代古錢圖說》定價二角銀元，古玩市場交易價1500元台幣左右。

天啟通寶折十型錢背上十右一兩

天啓通寶折十型錢背上十下星，錢幣直徑4.7公分，孔徑1公分，厚度0.25公分，重量26.75克。《歷代古錢圖說》定價二角銀元，古玩市場交易價1500元台幣左右。

天啟通寶折十型錢背上十下星

天啟通寶折十型錢背上十，錢幣直徑4.7公分，孔徑0.93公分，厚度0.2公分，重量20.5克。《歷代古錢圖說》定價二角銀元，古玩市場交易價1000元台幣左右。

天啟通寶折十型錢背上十

天啟通寶折十型錢背下十，錢幣直徑4.5公分，孔徑0.95公分，厚度0.2公分，重量22.25克。《歷代古錢圖說》定價二角銀元，古玩市場交易價1000元台幣左右。

天啟通寶折十型錢背下十

天啟通寶折十型素背，錢幣直徑4.75公分，孔徑0.9公分，厚度0.22公分，重量24.7克。《歷代古錢圖說》定價二角銀元，古玩市場交易價3000元台幣左右。

天啟通寶折十型素背

天啓通寶折十型錢背上鎮（「鎮」指宣府鎮和密雲鎮所鑄）下十，錢幣直徑4.5公分，孔徑0.8公分，厚度0.25公分，重量27克，《歷代古錢圖說》中定價二元銀元，古玩市場交易價20000元台幣左右。

天啟通寶折十型錢背上鎮下十

弘光通寶

鑄於明代崇禎十七年（公元1644年），有小平、折二型銅錢流通於市面，錢背鑄有星紋及文字，在製作上錢幣有大小、輕重略有變化，折二型銅錢素背較罕見。

弘光通寶背上鳳，錢幣直徑2.5公分，孔徑0.45公分，厚度0.1公分，重量3.1克。《歷代古錢圖說》定價三角銀元，古玩市場交易價3000元台幣左右，少見。

弘光通寶

隆武通寶

鑄於南明崇禎十七年（公元1645年），有小平、折二型銅錢流通於市面，錢背鑄有星月紋及文字，在製作上錢幣有大小、輕重變化，小平銅錢背穿上有南字者較少見。

隆武通寶折二型錢素背，直徑3公分，孔徑0.65公分，厚度0.15公分，重量6.4克。《歷代古錢圖說》定價一角銀元，古玩市場交易價2000元台幣左右。

隆武通寶

永曆通寶

鑄於南明崇禎十七年（公元1644年），有小平、折二、折三、折五、折十型銅錢流通於市面，錢背鑄有星月紋及文字，在製作上有大小、輕重變化。

永曆通寶小平錢背上輔，錢幣直徑2.65公分，孔徑0.5公分，厚度0.23公分，重量7.6克。《歷代古錢圖說》定價二角銀元，古玩市場交易價1300元台幣左右。

永曆通寶小平錢背上輔

永曆通寶小平錢背上星下星，錢幣直徑2.6公分，孔徑0.7公分，厚度0.1公分，重量4克。《歷代古錢圖說》定價一角銀元，古玩市場交易價250元台幣左右。

永曆通寶小平錢背上星下星

永曆通寶小平錢背上明，錢幣直徑2.55公分，孔徑0.5公分，厚度0.1公分，重量3.9克。《歷代古錢圖說》定價二角銀元，古玩市場交易價600元台幣左右。

永曆通寶小平錢背上明

永曆通寶折二型錢素背，直徑 2.85 公分，孔徑 0.6 公分，厚度 0.17 公分，重量 5.3 克。《歷代古錢圖說》定價二角銀元，古玩市場交易價 1000 元台幣左右。

永曆通寶折二型錢素背

永曆通寶折十型錢背上下壹分，直徑 4.55 公分，孔徑 0.9 公分，厚度 0.2 公分，重量 22.55 克。《歷代古錢圖說》定價一元銀元，古玩市場交易價 1500 元台幣左右。

永曆通寶折十型錢背上壹下分

永曆通寶折十型錢背上壹下分，直徑 4.65 公分，孔徑 0.9 公分，厚度 0.2 公分，重量 21 克。《歷代古錢圖說》定價一元銀元，古玩市場交易價 1500 元台幣左右。

永曆通寶折十型錢背上壹下分

永昌通寶

明末農民起義軍李自成鑄於永昌元年（公元 1644 年），有小平、折五型銅錢流通於市面，錢幣文字大小變化不大。

永昌通寶小平錢素背，直徑 2.5 公分，孔徑 0.55 公分，厚度 0.1 公分，重量 2.6 克。《歷代古錢圖說》定價五分銀元，古玩市場交易價 300 元台幣左右。

永昌通寶小平錢素背

永昌通寶折五型錢素背，直徑 3.65 公分，孔徑 0.7 公分，厚度 0.2 公分，重量 12.3 克。《歷代古錢圖說》定價五角銀元，古玩市場交易價 1500 元台幣左右。

永昌通寶折五型錢素背

大順通寶

明末農民起義軍張獻忠鑄於大順年間，錢背鑄有文字，大小變化不大。

大順通寶錢背下工，直徑2.75公分，孔徑0.57公分，厚度0.1公分，重量4.95克。《歷代古錢圖說》定價二角銀元，古玩市場交易價150元台幣左右。

大順通寶

興朝通寶

明末農民起義軍張獻忠養子孫可望鑄，有小平、折五、折十型流通於市面，錢背鑄有「壹分」計值，錢幣大小略有變化。

興朝通寶折十型錢背上壹下分，直徑4.95公分，孔徑1.1公分，厚度0.18公分，重量21.3克。《歷代古錢圖說》定價五角銀元，古玩市場交易價1500元台幣左右。

興朝通寶

利用通寶

吳三桂鑄於明末清初，有小平、折二、折五型流通於市面，錢背鑄有「一分」計值，錢幣大小略有變化。

利用通寶錢背上一下分，直徑4.13公分，孔徑0.8公分，厚度0.18公分，重量16.65克。《歷代古錢圖說》定價五角銀元，古玩市場交易價1500元台幣左右。

利用通寶

昭武通寶

吳三桂鑄於昭武年間，有小平錢流通於市面，另有錢背鑄有「壹分」計值大錢，錢幣大小略有變化。

昭武通寶錢背右壹左分，直徑 3.1 公分，孔徑 0.9 公分，厚度 0.17 公分，重量 9.25 克。《歷代古錢圖說》定價五角銀元，古玩市場交易價 2500 元台幣左右。

昭武通寶壹分大錢

洪化通寶

吳三桂鑄於清初，有銅質小平流通於市面，錢背鑄有星紋及文字，錢幣大小變化不大。

洪化通寶錢背右工，直徑 2.5 公分，孔徑 0.55 公分，厚度 0.1 公分，重量 3.2 克。《歷代古錢圖說》定價一角銀元，古玩市場交易價 300 元台幣左右。

洪化通寶

裕民通寶

耿精忠鑄於清初，有小平及錢背鑄有「一分」計值大錢流通於市面，錢幣大小略有變化。

裕民通寶錢素背，直徑2.6公分，孔徑0.56公分，厚度0.1公分，重量4.6克。《歷代古錢圖說》定價五分銀元，古玩市場交易價300元台幣左右。

裕民通寶錢素背

裕民通寶錢背右一分，直徑2.85公分，孔徑0.6公分，厚度0.13公分，重量5.2克。《歷代古錢圖說》定價一角銀元，古玩市場交易價400元台幣左右。

裕民通寶錢背右一分

崇禎通寶

鑄於明代，有小平、折二、折五、折十型銅錢流通於市面，錢背文字多寡不一。在製作上錢幣有大小、輕重、厚薄之分，千變萬化。其中有一種，錢背下鑄有一匹奔騰的馬形，俗稱「跑馬崇禎」。舊時有人加以穿鑿附會，有「一馬亂天下」之說：明朝亡於李自成，闖王的「闖」字就是一馬進門。這也說明當時勞動人民對現狀的不滿。

據考，此幣鑄於江蘇南京，錢幣直徑2.45公分，孔徑0.45公分，厚度0.1公分，重量3.15克，鑄量相當多，留傳存世可觀，此幣圖案在歷代古幣中顯得比較特殊，往往容

崇禎通寶背跑馬

易引起古幣收藏者注意，目前此幣在古玩市場以其品相優劣計，售價在1000元台幣左右，《古錢大辭典》定價三角銀元。但此幣偽品也不少，大多錢型比較厚，文字浮躁，幣面有明顯砂眼，而真品錢型較薄，文字規矩，幣面鏽色自然光潔。

崇禎通寶小平錢背豎二者罕見。錢幣直徑2.55公分，厚度0.12公分，重量3.6克。古玩市場交易價25000元台幣左右。

崇禎通寶小平錢背豎二

崇禎通寶折二型錢背右二係常見品。錢幣直徑2.95公分，孔徑0.56公分，厚度0.18公分，重量7克。《歷代古錢圖說》定價五分銀元，古玩市場交易價150元台幣左右。

崇禎通寶折二型錢背右二

崇禎通寶折五型錢背右戶左五為常見品。錢幣直徑3.45公分，孔徑0.7公分，厚度0.2公分，重量10.25克。《歷代古錢圖說》定價五角銀元，古玩市場交易價1400元台幣左右。

崇禎通寶折五型錢背右戶左五

崇禎通寶小平錢背上舊。錢幣直徑2.4公分，孔徑0.4公分，厚度0.1公分，重量3.1克。《歷代古錢圖說》定價3元銀元，古玩市場交易價3000元台幣。

崇禎通寶小平錢背上舊

第十二章

清 代 貨 幣

天命汗（滿文）

　　錢幣鑄於漢文「天命通寶」前，即清軍進關前（後金）。當時除了用作流通外，主要發給士兵每人一枚藏於身上，說是保佑將士打仗時刀槍不入。此幣採用紅銅鑄造，大小參差不齊，型制近於明錢，由於當時處於戰時，鑄造比較粗糙。漢文「天命通寶」鑄於進關前後，也比較粗糙。同樣採用紅銅鑄造大小，參差不齊，不如順治、康熙錢足值規整。這兩種鑄幣流傳至今的數量要少於清朝各代鑄幣。漢文「天命通寶」更少於滿文「天命汗」，但是不屬於珍貴稀少錢。滿文「天命汗」《歷代古錢圖說》定價一角銀元，古玩市場也有所見，售價約台幣1000元左右。漢文「天命通寶」《歷代古錢圖說》定價五分銀元，售價約台幣2500元左右。但筆者所見絕大部分是偽品，其特點是銅質泛黃，比較厚蠹，筆畫生硬無朝氣，而真品一般字口較淺薄，字跡剛健自然，錢背輪廓比較寬，銅色接近元代錢幣（水紅銅），要謹慎識別。

天命汗（滿文）
直徑：2.9公分
孔徑：0.6公分
厚度：0.12公分
重量：5.9克

天命通寶
直徑：2.38公分
孔徑：0.6公分
厚度：0.11公分
重量：3.9克

順治通寶

　　鑄於順治元年（公元1644年），有小平、折二、折十型等面額，流通於當時市面。折二、折十等銅錢較為罕見，常見品大多是小平銅錢。「順治通寶」種類複雜，大致可分五種版式：

　　第一種，錢面鑄有「順治通寶」，錢背是光背。第二種，錢面鑄有「順治通寶」，錢背鑄有一個漢字，如「戶」、「工」、「宣」、「同」、「河」、「昌」、「東」、「陽」等，是各省鑄局的簡稱，大約有22個鑄局。這種版式是仿唐朝的「會昌開元」和明朝的「大中」、「洪武」等錢。第三種，錢面鑄有「順治通寶」，錢背右鑄有局名，左鑄有直書「一厘」二字。「一厘」是指折合白銀一厘的意思，千文為白銀一兩，是一種權銀錢或折銀錢，儼然和輔幣一樣。第四種，錢面鑄有「順治通寶」，錢背右鑄有滿文「寶泉」或「寶源」，左鑄有滿文「局」字，此種版式是停鑄「順治通寶」一厘錢後改鑄的一種，但僅限於寶泉、寶源二局。第五種，錢面鑄有「順治通寶」，錢背右鑄有漢文局名，左鑄有滿文，為「戶」、「工」、「宣」、「同」、「河」、「昌」、「東」、「陽」、「陝」、「原」、「薊」等局名。

　　這五種版式的普通幣品種在古玩市場根據品相優劣售價大約10～2500元台幣一枚。要想集藏齊全，極其不易，尤其是「順治通寶」，錢背鑄有單字「延」的幣品尤為罕見，民國時期丁福保先生著《古錢大辭典》中將此幣定價為三塊銀元，可見此幣之稀罕。目前古玩市場對此種幣的叫價高達幾千元台幣，遺憾的是古幣市場出現的背「延」錢幣大多是偽品，主要特徵是錢型粗厚，幣面有砂眼，文字浮躁，鏽色淺而浮，而真品多數是傳世品，穿口、幣緣磨損自然，文字規矩，鏽色自然光潔。

順治通寶（第一種）
直徑：2.6公分
孔徑：0.5公分
厚度：0.13公分
重量：3.7克

順治通寶（第二種）
直徑：2.65公分
孔徑：0.5公分
厚度：0.16公分
重量：4.2克

順治通寶（第三種）
直徑：2.6公分
孔徑：0.6公分
厚度：0.13公分
重量：3.45克

順治通寶（第四種）
直徑：2.78公分
孔徑：0.6公分
厚度：0.11公分
重量：4.55克

順治通寶（第五種）
直徑：2.75公分
孔徑：0.55公分
厚度：0.1公分
重量：3.9克

康熙通寶

　　鑄於康熙元年（公元 1662 年），有小平、折十型二種錢幣流通於市面，折十型大錢罕見。小平錢幣的錢背有局名，共 22 個鑄局，其中寶臺、寶鞏要少於其他錢幣，寶臺分大臺、小臺二種，大臺為後世仿品。另外，有「熙」左邊少一撇的版別，民間稱「羅漢錢」，傳聞銅內含金並編出不少美麗的故事，實際就是一種普通幣品。

康熙通寶（羅漢錢）
直徑：2.6公分
孔徑：0.55公分
厚度：0.1公分
重量：4克

康熙通寶背臺
直徑：2.35公分
孔徑：0.55公分
厚度：0.8公分
重量：2.75克

康熙通寶背南
直徑：2.6公分
孔徑：0.62公分
厚度：0.1公分
重量：2.8克

雍正通寶

鑄於雍正元年（1723年），品種單一，錢幣背面有滿文紀局，背有星月紋者少見。

雍正通寶寶安局
直徑：2.85公分
孔徑：0.65公分
厚度：0.1公分
重量：4.5克

雍正通寶寶源局背上星
直徑：2.75公分
孔徑：0.65公分
厚度：0.1公分
重量：3.6克

乾隆通寶

鑄於乾隆元年（1736年），有小平錢幣留存於世，背面有滿文紀局，並有星月紋，大小不一，寶泉、寶鞏大錢罕見。

乾隆通寶樣幣
直徑：2.76公分
孔徑：0.53公分
厚度：0.15公分
重量：6.05克

乾隆通寶大樣
直徑：2.8公分
孔徑：0.57公分
厚度：0.17公分
重量：6.5克

乾隆通寶寬緣
直徑：2.75公分
孔徑：0.55公分
厚度：0.17公分
重量：6.4克

嘉慶通寶

鑄於嘉慶元年（1796年），有小平、折二型錢幣，背面有滿文紀局，有星月紋，大小略有變化。

嘉慶通寶寶泉局背滿文
直徑：2.6公分
孔徑：0.5公分
厚度：0.12公分
重量：4.1克

嘉慶通寶寶泉局大樣
直徑：3公分
孔徑：0.6公分
厚度：0.18公分
重量：8.4克

道光通寶

鑄於道光元年（1821年），有小平錢幣傳世，背面有滿文紀局，有星月紋，大小變化較大。

道光通寶大樣
直徑：2.8公分
孔徑：0.55公分
厚度：0.18公分
重量：7.5克

道光通寶大樣
直徑：2.9公分
孔徑：0.6公分
厚度：0.2公分
重量：7.5克

咸豐古幣

鑄於清代咸豐時期。在此時期，由於國內太平天國興起，國外帝國主義列強侵犯，清政府軍費開支巨大，使得國庫空虛，財源嚴重枯竭。爲了解決財政危機，清政府在咸豐四年正月（公元1854年）決定開鑄當百、當五百、當千大錢，從而導致全國各地鑄局大增，鑄量失控，計值從小平一文到當四、當五、當八、當十、當二十、當三十、當四十、當五十、當八十、當百、當二百、當三百、當四百、當五百、當千共十六種。隨著通貨膨脹，幣值不斷下跌，產生了嚴重的錢幣大小、輕重倒置，當五十可以大於當百，當百的重於當千，錢幣鑄材錯綜複雜，除了採用銅質外還有鐵質、鉛質、紙質等，銅材中還分紫銅、紅銅、青銅、黃銅，幣面有通寶、重寶、元寶等，複

雜程度堪稱歷朝之冠。

　　存世咸豐古幣小平一文、當十、當五十、當百比較多，古玩市場也常能見到，售價少則幾元大到幾百元台幣，贗品也不多。但當二百以上大面額古幣卻很少見，因當時鑄量相對比普通面額要少，加上民間貿易常拒用，換朝後毀大錢鑄小錢，使得本身就不多的大面額錢顯得尤為稀少，而今古玩市場一枚咸豐當二百以上的古幣少則幾千多則上萬元台幣。但是初涉古幣收藏者往往急於求成，生怕錯過珍罕古幣，帶著僥倖撿漏心理，見到大錢不加分析照譜價收入囊中，不知不覺落入不法錢商騙財陷阱。據筆者多年收藏經驗，古幣中的極品稀少，咸豐古幣中珍稀品也是一樣。當然要想獲得咸豐當二百以上古幣，首先要瞭解該幣基本知識，比如咸豐當二百以上古幣通常採用紫銅（紅銅）鑄造。據史料記載：清咸豐政府為了防盜鑄，戶部規定大面額錢要採用十成淨銅也就是紫銅（紅銅）鑄造。當你在收藏中遇見了一枚咸豐當五百或當千大錢，就要認真審之，看它是否採用紫銅（紅銅）鑄造（不是絕對）。一般而言，贗品的銅質比較生，火氣比較重，幣面有砂眼，周邊旋邊錯刀痕跡無規律，錢體薰得灰黑，嗅聞有異味，落地聲音清脆。而一枚真正咸豐當五百或當千大錢一眼看上去感覺時代感強，包漿熟舊、入骨，幣面磨損自然，無人為銼磨造作，文字飄逸，字口深峻。當然要想正確辨別一枚古幣真偽，一定要瞭解古幣作偽基本手法，對它進行綜合分析，還要憑藉在市場實踐得出的經驗，才能做到甄別無誤。

　　咸豐元寶當千大錢為寶泉局紅銅鑄成，直徑6.3公分，孔徑1.15公分，厚度0.35公分，重量63.9克。

咸豐元寶當千大錢

　　咸豐元寶當五百大錢為寶源局用紅銅鑄成，直徑5.6公分，孔徑1公分，厚度0.4公分，重量61.1克，鑄量不多。《歷代古錢圖說》定價一元銀元，不多見。目前市場交易價約台幣25000元。

咸豐元寶當五百大錢

咸豐元寶當百大錢爲寶陝局用青銅鑄成，直徑5.95公分，穿徑1.25公分，厚度0.4公分，重量65.3克，鑄量不多。《歷代古錢圖說》定價五角銀元，目前市場交易價約台幣2500元左右，屬普通品。

咸豐元寶當百大錢

咸豐通寶寶泉局鑄小平鐵母，書體飄逸瀟灑、剛勁有力、神形兼備，近似瘦金體，相傳大書法家戴熙所書，直徑2.32公分，穿孔0.67公分，厚度0.2公分，重量5克。古玩市場交易價約40000元台幣。

咸豐通寶

　　歷朝小平錢尺寸大小參差不齊，小平為2.4公分，折二型為2.8公分，折三型為3.2公分。如唐朝鑄造的「開元通寶」比較規整，清朝順治、康熙、雍正國力強盛時期鑄造的錢幣比較足值，直徑甚至大於2.4公分，乾隆、嘉慶、道光時期小平錢直徑基本在2.4公分左右，咸豐初年還過得去，咸豐末年至同治、光緒、宣統三朝由於國力太弱，要想鑄造足值貨幣就沒法辦到了，因而鑄造的錢幣小而薄，甚至疵劣，有的接近私鑄。當然存世的好的古幣還是有的，如部頒樣、樣錢、掛燈錢、錢文花錢等，均屬稀少錢，尤其同治、光緒二朝的小平通寶的錢幣，只要直徑達上2.6公分以上，都屬於少見的幣品。

同治通寶（部頒樣或樣錢）
直徑：2.8公分
孔徑：0.6公分
厚度：0.2公分
重量：9克

同治通寶、光緒通寶、宣統通寶

　　同治、光緒二朝小平錢中背有漢字者少見，屬於套子錢類。

　　同治通寶背寶蘇，直徑2.55公分，孔徑0.52公分，厚度0.15公分，重量5.4克。古玩市場交易價約2500元台幣。

同治通寶

光緒通寶背同，直徑2.45公分，孔徑0.43公分，厚度0.13公分，重量4克。《古錢大辭典》定價二角銀元，市場交易價2500元台幣左右。

光緒通寶背同

光緒通寶背寶雲，直徑2.52公分，孔徑0.5公分，厚度0.15公分，重量4.85克。古玩市場交易價約2500元台幣。

光緒通寶背寶雲

光緒通寶背寶桂，直徑2.52公分，孔徑0.55公分，厚度0.16公分，重量4.7克。古玩市場交易價約2500元台幣。

光緒通寶背寶桂

宣統通寶鑄於清末宣統元年（公元1909年）。當時貨幣流通中早已出現了先進的機器鑄造錢幣，基本上淘汰了手工範模工藝鑄造，但是清政府為了照顧部分工匠生機，還是鑄了一部分「宣統通寶」小平錢參與了市場流通。此幣有大小二種，大的略少於小的，錢幣版別細微處略有變化。《歷代古錢圖說》定價二分銀元，市場交易價大的錢幣約250元台幣。

宣統通寶
直徑：1.9公分
孔徑：0.42公分
厚度：0.11公分
重量：2克

太平天國

洪秀全於道光三十年（公元1851年）率眾在廣西桂平金田村起義，建號太平天國，這次運動發展到18個省，建立了獨立的政權，並在這些地區廣泛發行了自己的貨幣。太平天國錢幣鑄於清咸豐初年。

據考，太平天國的錢幣中，有三套比較成系統，在研究太平天國政治、經濟、貨幣方面比較重要。

第一套是黃銅楷書闊邊，正面為「太平天國」，背為豎「聖寶」，直讀，分小平、當五、當十、當五十、當百五種形制，鑄造比較規範，與寶蘇局咸豐大錢類似，是定都南京之後的鑄品。

太平天國（楷書）當五十，直徑4.8公分，孔徑0.87公分，厚度0.23公分，重量30.85克。《歷代古錢圖說》定價五元銀元，市場交易價約台幣50000元。

太平天國（楷書）當五十

太平天國（楷書）當五，直徑2.75公分，孔徑0.55公分，厚度0.15公分，重量6.83克。《歷代古錢圖說》定價二角銀元，市場交易價約台幣1500元。

太平天國（楷書）當五

太平天國（楷書）當五，直徑2.9公分，孔徑0.6公分，厚度0.17公分，重量7.95克。《歷代古錢圖說》定價二角銀元，市場交易價約台幣1500元。

太平天國（楷書）當五

太平天國（楷書）當十，直徑3.45公分，孔徑0.7公分，厚度0.24公分，重量26.7克。《歷代古錢圖說》定價四元銀元，市場交易價約台幣20000元。

太平天國（楷書）當十

第二套爲青銅宋體，錢文排列方式和第一套相同，鑄造工藝略遜於第一套，幣制分當一、當十、當五十、當百四種，鑄於衡陽，版別變化不大。

太平天國（宋體）當一，直徑2.4公分，孔徑0.6公分，厚度0.2公分，重量5.05克。《歷代古錢圖說》定價五角銀元，市場交易價約台幣5000元左右。

太平天國（宋體）當一

太平天國（宋體）當五，直徑3.3公分，孔徑0.7公分，厚度0.19公分，重量10.1克。《歷代古錢圖說》定價五元銀元，市場交易價約台幣15000元左右。

太平天國（宋體）當五

太平天國（宋體）當十，直徑4.2公分，孔徑0.7公分，厚度0.2公分，重量17.4克。《歷代古錢圖說》定價十五元銀元，市場交易價約台幣35000元。

太平天國（宋體）當十

太平天國（宋體）當十，直徑4.2公分，孔徑0.7公分，厚度0.15公分，重量15.6克。《歷代古錢圖說》定價十五元銀元，市場交易價約台幣35000元。

太平天國（宋體）當十

太平天國（宋體）當五十，直徑5.4公分，孔徑1公分，厚度0.25公分，重量35.9克。《歷代古錢圖說》定價十五元銀元，市場交易價約台幣75000元。

太平天國（宋體）當五十

第三套是黃銅楷書，文字筆畫高低不平，俗稱「隱起文」，錢幣文字與前兩套相同，背文橫讀「聖寶」，幣制分小平、當五、當十、當五十四種，版別分粗細兩種。

太平天國（隱起文）當一，直徑2.35公分，孔徑0.65公分，厚度0.12公分，重量3.99克。《歷代古錢圖說》定價一元銀元，市場交易價約台幣25000元。

太平天國（隱起文）當一

太平天國（隱起文）當五，直徑2.75公分，孔徑0.7公分，厚度0.2公分，重量8.89克。《歷代古錢圖說》定價一元銀元，市場交易價約台幣20000元。

太平天國（隱起文）當五

太平天國（隱起文）當十，直徑3.5公分，孔徑0.8公分，厚度0.22公分，重量9.67克。《歷代古錢圖說》定價十五元銀元，市場交易價約台幣40000元

太平天國（隱起文）當十

太平天國（隱起文）當十，直徑3.65公分，孔徑0.8公分，厚度0.2公分，重量8.05克。《歷代古錢圖說》定價十五元銀元，市場交易價約台幣40000元。

太平天國（隱起文）當十

太平天國（隱起文）當五十，細版，直徑4.3公分，孔徑0.8公分，厚度0.23公分，重量28.2克。《歷代古錢圖說》定價十元銀元，市場交易價約台幣165000元。

太平天國（隱起文）當五十

太平天國（隱起文）當五十，粗版，直徑4.35公分，孔徑0.85公分，厚度0.3公分，重量36.15克。與細版價格相當。

太平天國（隱起文）當五十

除了上述三套自成體系的錢幣外，還有不成體系的錢幣，例如面「天國」，背「聖寶」折十大錢，大小參差不齊，版別多而複雜，這也給後人研究太平天國的錢制、作價增添了許多麻煩，有待進一步研究探討。

太平天國錢幣「天國」，背「聖寶」折十大錢有兩種版別，區別比較明顯，就是「聖」底部「壬」字的中間一橫有長短之分，長的是太平天國早期鑄幣，俗稱「壬」聖寶，留存不多，市場交易價約台幣30000元；短的是後期鑄幣，留存較多，《歷代古錢圖說》定價一元銀元，市場交易價約台幣10000元。

壬聖寶，直徑3.9公分，孔徑0.8公分，厚度0.34公分，重量32.6克。市場交易價約台幣40000元。

壬聖寶

壬聖寶，直徑3.85公分，孔徑0.97公分，厚度0.4公分，重量31.15克。市場交易價約台幣40000元。

壬聖寶

壬聖寶，直徑3.73公分，孔徑0.82公分，厚度0.25公分，重量26.7克。市場交易價約台幣40000元。

壬聖寶

壬聖寶，直徑3.7公分，孔徑0.83公分，厚度0.32公分，重量17.6克。市場交易價約台幣40000元。

壬聖寶

短聖寶（青銅），直徑3.6公分，孔徑0.75公分，厚度0.4公分，重量27.8克。

短聖寶

短聖寶，直徑3.9公分，孔徑0.8公分，厚度0.34公分，重量32.6克。

短聖寶

太平天國背聖寶當百開爐大錢，存世極罕見。錢幣直徑7.55公分，孔徑1.5公分，厚度3.5公分，重量83.4克。此幣是已故的錢幣大師馬定祥舊藏，由馬傳德先生提供。

太平天國背豎聖寶（當百）

太平天國背聖寶大型花錢，存世極罕見，是已故的錢幣大師馬定祥舊藏，由馬傳德先生提供藏品。錢幣直徑7.5公分，孔徑0.7公分，厚度0.5公分，重量183.2克。

太平天國背橫聖寶大型花錢

太平天國小平錢品種繁多，大小參差不齊，幣值有當一、當五等，眾說不一，有待商榷。古玩市場求購者眾多，售價不等，有幾十元的，也有幾百的，但是偽品很多，鑄造手法各有不同，購者要仔細識別。

天國太平背橫聖寶（當五）
直徑：2.6公分
孔徑：0.7公分
厚度：0.1公分
重量：5克

太平聖寶橫天國（當五）
直徑：2.75公分
孔徑：0.62公分
厚度：0.2公分
重量：8克

太平天國背豎聖寶（當一）
直徑：2.5公分
孔徑：0.6公分
厚度：0.13公分
重量：4.42克

天國太平背橫聖寶（當五）
直徑：2.65公分
孔徑：0.5公分
厚度：0.15公分
重量：5.8克

太平天國背橫聖寶（當一）
直徑：2.45公分
孔徑：0.6公分
厚度：0.1公分
重量：4.95克

天國聖寶背橫太平（當一）
直徑：2.15公分
孔徑：0.5公分
厚度：0.1公分
重量：3.27克

太平天國背橫聖寶（當一）
直徑：2.35公分
孔徑：0.6公分
厚度：0.1公分
重量：2.75克

太平天國背橫聖寶（當一）
直徑：2.4公分
孔徑：0.6公分
厚度：0.1公分
重量：4.2克

太平天國背橫聖寶（當一）
直徑：2.5公分
孔徑：0.7公分
厚度：0.1公分
重量：3.6克

<table>
<tr><td>

太平天國背橫聖寶(當一)

直徑：2.4公分

孔徑：0.6公分

厚度：0.1公分

重量：4.31克

</td><td></td></tr>
</table>

<table>
<tr><td>

太平聖寶背橫天國(當五)

直徑：2.6公分

孔徑：0.58公分

厚度：0.18公分

重量：6.5克

</td><td></td></tr>
</table>

平靖勝寶

　　錢幣直徑2.7公分，孔徑0.6公分，厚度0.2公分，重量8.6克，鑄材黃銅。過去有人認為係太平天國所鑄，實則不然，「平靖勝寶」錢幣是廣東三合會首領李文茂在公元1857年3月攻佔廣西柳州後稱平靖王時所鑄，因次年李文茂戰死於懷遠山，鑄量不多。《歷代古錢圖說》定價八元銀元，古玩市場售價約台幣25000—40000元，較罕見。筆者所見絕大部分是偽品，其特點銅質生硬，比較厚蠢，文字呆板無朝氣，而真品一般字體流暢自然，交易時要謹慎識別，切勿上當受騙！

平靖勝寶

天朝通寶

　　此天朝通寶背永錢幣直徑2.2公分，孔徑0.5公分，厚度0.11公分，重量2.6克，鑄材黃銅。過去有人認為是太平天國所鑄，實則不然，天朝通寶背永錢幣應屬浙江「天地會」所鑄，鑄量不多。《歷代古錢圖說》定價三元銀元，市場交易價約台幣25000～40000元，較罕見。

天朝通寶

開元通寶

　　此開元通寶背武錢幣直徑2.4公分，孔徑0.6公分，厚度0.15公分，重量3.78克，鑄材黃銅。過去有人認為是太平天國所鑄，實則開元通寶背武錢幣應屬浙江「天地會」所鑄，鑄量不多。《歷代古錢圖說》定價三元銀元，市場交易價約台幣25000～40000元，較罕見。

開元通寶

金錢義記

　　此錢幣是浙江地區農民金錢會起義入夥的憑證，一般佩於身上。錢幣直徑3.6公分，孔徑0.7公分，厚度0.23公分，重量14.75克，鑄量不多，目前市場交易價約台幣15000元。

　　偽幣的主要特徵：穿口不成型，文字死而呆，上手後感覺薄而輕，有的偽幣用真錢翻鑄而成，化學處理變成生坑綠鏽，比較難分辨。

金錢義記

第十三章
銅元、鎳幣、銀幣簡述

銅元、鎳幣

清末，由於政治、經濟、軍事等多種原因，清政府在錢幣鑄造與發行上進行了一次革命，尤其是在錢幣鑄造技術上，將春秋戰國時期到光緒年間採用的範鑄錢幣改革成機器鑄幣。

清末光緒十六年（公元1890年）清政府官員張之洞先後在國外購置了先進的鑄幣機器，試鑄了第一批七三番版與七二番版「光緒元寶」銀元。第三版正式鑄造發行後頗受民眾歡迎，於是各省設局效仿，爲中國銀元貨幣文化留下了光彩奪目的一頁。

光緒二十六年（公元1900年），在李鴻章主持下廣東開始鑄造銅元。每枚重二錢，含銅95%，正面爲「光緒元寶」，中間鑄有滿文「寶廣」二字，下面邊緣鑄有「廣東省造」下面邊緣文字爲「每百枚換一圓」；背面蟠龍花紋，上面邊緣有「KWANGTUNG」，下面邊緣鑄有英文「ONE CENT」。此種銅元十分精美，一經發行，立即受到民眾歡迎，而政府也收穫大利，於是各省又一次設局效仿。到了光緒三十一年（公元1905年）先後就有廣東、直隸、山東、河南、安徽、江蘇、湖南、江西、浙江、福建、四川等，鑄造了大量銅元上市，但最終因鑄量過多導致貨幣貶值，就此結束了銅元流通歷史。

銅元、鎳幣雖然在中國從清代末年到民國初期發行流通時間不長，但是鑄量和複雜程度一點也不亞於其他朝代，面值有一文、二文、五文、十文、二十文、三十文、五十文、百文、二百文、伍百文、半分、壹分、貳分、伍分、拾分、廿分、半圓、半毫、一仙、一厘、五厘、壹仙、五仙、貳仙、當圓、當拾、當百、壹角、貳角、伍角等；面版除了各省文字以外，還有各種花星，如六花星、梅花星、五角星、十字星、米字星等；錢背還鑄有不同龍圖，一般有坐龍、立龍、飛龍、蟠龍、水龍、駝背龍、S龍、C龍、火龍等；錯版有合背、合面、英文倒置、光緒版配宣統版、山東配廣東、面版文字爲陽字而錢背爲陰字；等等，這些錯蹤複雜、千變萬化的版別，在世界貨幣史上也屬少有，可以說在中國錢幣學上形成了一個獨立的門類，給我們今天銅元收藏帶來了不少樂趣。

湖北省造光緒元寶一文（紅銅）

直徑：1.65公分

厚度：0.1公分

重量：2.2克

戶部（造）大清銅幣中心浙二文
（紅銅）

直徑：1.7公分

厚度：0.1公分

重量：2.5克

戊申光緒一文中心寧（黃銅）

直徑：1.67公分

厚度：0.1公分

重量：1.2克

戊申光緒一文中心寧（紅銅）

直徑：1.67公分

厚度：0.1公分

重量：1.08克

江蘇省造光緒元寶五文（紅銅）

直徑：2.35公分

厚度：0.12公分

重量：3.65克

戶部大清銅幣中心鄂五文（紅銅）

直徑：2.45公分

厚度：0.11公分

重量：3.75克

戶部大清銅幣中心浙五文（紅銅）

直徑：2.4公分

厚度：0.11公分

重量：3.6克

戶部大清銅幣五文（紅銅）

直徑：2.4公分

厚度：0.11公分

重量：3.7克

福建官局造光緒元寶五文（紅銅）

直徑：2.2公分

厚度：0.13公分

重量：3.45克

（天津造）中華民國開國紀念幣
（陰陽版黃銅）

直徑：2.85公分

厚度：0.12公分

重量：6.2克

東三省中華民國十八年一分
（紅銅）

直徑：2.35公分

厚度：0.15公分

重量：5.45克

宣統三年大清銅幣十文（紅銅）
直徑：2.95公分
厚度：0.2公分
重量：8.35克

江蘇省造光緒元寶二十文（黃銅）
直徑：3.37公分
厚度：0.25公分
重量：15克

湖北銅幣五十文（黃銅）
直徑：3.63公分
厚度：0.15公分
重量：12.1克

中華民國五年五厘（紅銅）
直徑：2.25公分
厚度：0.12公分
重量：3.25克

中華民國五年壹分（紅銅）

直徑：2.63公分

厚度：0.17公分

重量：6.6克

中華民國廿二年貳分（紅銅）

直徑：3.17公分

厚度：0.2公分

重量：10.5克

廣東省造中華民國八年伍仙鎳幣

直徑：1.9公分

厚度：0.11公分

重量：2.6克

冀東政府（造）中華民國二十六年壹角（鎳）

直徑：2.2公分

厚度：0.16公分

重量：4.5克

中華民國二十五年廿分（鎳）

直徑：2.4公分

厚度：0.18公分

重量：5.9克

四川銅幣壹百文（黃銅）

直徑：3.94公分　　厚度：0.25公分　　重量：21.6克

雲南省造紀念銅幣唐繼堯像五十文（黃銅）

直徑：3.94公分　　厚度：0.26公分　　重量：22.4克

中華民國十五年甘肅銅幣壹百文（黃銅）

直徑：3.9公分　　厚度：0.2公分　　重量：17.35克

銀　幣

宣統三年大清銀幣壹角
直徑：1.9公分　　　厚度：0.12公分　　　重量：2.7克

廣東省造光緒元寶銀幣三分六厘
直徑：1.6公分　　　厚度：0.1公分　　　重量：1.35克

廣東省造宣統元寶銀幣一錢四分四厘
直徑：2.35公分　　　厚度：0.17公分　　　重量：5.3克

福建官局造光緒元寶銀幣七分二厘
直徑：1.9公分　　　厚度：0.1公分　　　重量：2.5克

中華蘇維埃共和國銀幣貳角

直徑：2.4公分　　　厚度：0.15公分　　　重量：5.4克

廣西省造中華民國十五年貳毫銀幣

直徑：2.4公分　　　厚度：0.15公分　　　重量：5.3克

廣東省造孫中山像中華民國十八年貳毫銀幣

直徑：2.35公分　　　厚度：0.15公分　　　重量：5.4克

四川省造光緒像貳角銀幣

直徑：2.4公分　　　厚度：0.13公分　　　重量：5.2克

吉林省造光緒元寶銀幣七分二厘

直徑：1.85公分　　厚度：0.1公分　　重量：2.6克

雲南省造光緒元寶銀幣七分二厘

直徑：1.85公分　　厚度：0.15公分　　重量：2.7克

浙江省中華民國十三年壹毫銀幣

直徑：1.88公分　　厚度：0.1公分　　重量：2.7克

二十四年安徽省造光緒元寶銀幣一錢四分四厘

直徑：2.2公分　　厚度：0.15公分　　重量：5.4克

袁世凱頭像銀幣

中華民國三年（公元1914年）銀幣，俗稱「大頭」。有壹角、貳角、中圓（伍角）、壹圓；先後鑄有三年、八年、九年、十年，分別有齒邊、「T」字邊、鷹洋邊；版別有甘肅、三角圓、粗鬚、細鬚等，根據「造」字的細微變化還可分出多種，其中以簽字版試鑄樣幣最為罕見。

袁世凱頭像中華民國三年中圓銀幣

直徑：3.14公分　　　厚度：0.21公分　　　重量：13.4克

袁世凱頭像中華民國三年壹圓銀幣

直徑：3.9公分　　　厚度：0.25公分　　　重量：26.75克

袁世凱頭像中華民國八年壹圓銀幣

直徑：3.8公分　　　厚度：0.25公分　　　重量：26.75克

孫中山像開國紀念幣

開國紀念幣銀幣鑄於民國元年（公元1912年），俗稱「小頭」。有壹角、貳角、壹圓；版別有異花、空心穗、長頭、短頭，幣背有五角星、六角星及多種英文誤書錯版等。

孫中山像開國紀念幣

直徑：3.9公分　　　厚度：0.27公分　　　重量：26.82克

孫中山像中華民國二十三年銀幣

銀幣鑄於公元 1934 年。正面爲孫中山側面頭像，背面爲帆船圖案，俗稱「船洋」，品種單一，翌年繼續大量發行，存世較多。

孫中山像中華民國二十三年
銀幣
直徑：3.9公分
厚度：0.25公分
重量：26.6克

黎元洪像中華民國開國紀念幣

銀幣鑄造於民國元年（1912年）。有戴帽和脫帽二種版別。根據銀幣背面英文微小變化，還可以分粗、細版別。戴帽者爲初鑄，脫帽者爲後鑄。兩種均爲壹圓面值流通於市面，因黎元洪在位時間短，再加上軍閥之爭，所以很快告終，故留傳至今不是很多。古玩市場交易價在25000元台幣左右。

古玩市場有不少黎元洪戴帽和脫帽二種僞幣。由於僞幣比較接近真幣，一般收藏者苦於見不到真幣以作比較，往往被僞幣所迷惑。在交易時不能辨別真僞的情況下，可就近尋找一家銀行，請其幫忙秤一下重量，一般僞幣即使摻有真銀材料翻版鑄造，重量不會高於26克，一般在20～24克，一枚真幣的重量可達26.83克。換句話說，即使在流通過程中磨損相當厲害，也不會低於26克。

黎元洪像中華民國開國紀念幣
直徑：3.8公分
厚度：0.3公分
重量：26.84克

曹錕像紀念銀幣

　　1923年為紀念當時的參議院通過中華民國憲法、曹錕當選為中華民國大總統，天津造幣廠鑄造曹錕像紀念銀幣，有身穿軍服和西服二種，身穿軍服者俗稱「武曹幣」，身穿西服者俗稱「文曹幣」。圖中紀念幣係錢幣大師馬定祥舊藏，品相一流。直徑3.9公分，厚度0.3公分，重量26.9克。2007年春季作者在中國嘉德馬定祥錢幣專場拍賣會上以24640元人民幣競得。

曹錕像紀念銀幣

倪嗣沖像安武軍紀念銀幣

　　倪嗣沖是北洋皖系軍閥，曾為袁世凱部屬。1913年奉袁世凱命攻戰安慶，任安徽都督，後改為安徽巡按使，支持袁世凱稱帝。1918至1920年，安慶造幣廠鑄造安武軍紀念銀幣大小二種，小的直徑2.9公分，厚度0.25公分，重量12.25克；大的直徑3.16公分，重量13.2克。留傳至今不是很多，市場交易價20000元台幣左右。

倪嗣沖像安武軍紀念銀幣

唐繼堯像紀念銀幣

唐繼堯係滇軍軍閥。1911 年任雲南新軍管帶，在昆明參加起義，任雲南軍政府軍政部次長。1912 年率領滇軍佔領貴陽，稱貴州都督。1913 年繼蔡鍔任雲南都督。1915 年 12 月與蔡鍔通電護國討袁，蔡鍔出兵四川，他坐守雲南。1917 年參加孫中山的護法運動。此後屢次出兵川、黔，企圖稱霸西南。民國七年（公元 1918 年）雲南造幣廠鑄造唐繼堯紀念銀幣正面與側面二種，正面銀幣直徑 3.35 公分，厚度 0.2 公分，重量 13.45 克。有大鼻小鼻、文字有大字小字之分。留傳至今很多，市場交易價 1000 元台幣左右。

唐繼堯像紀念銀幣

清末銀幣

清政府引進先進的鑄幣機器由廣東率先鑄造「光緒元寶」銀元。大小仿墨西哥「鷹洋」，正面有漢文和滿文「光緒元寶」四字，四周環以「造幣總廠」和「庫平七錢二分」字樣；背面四周環以英文省名和重量，中央有蟠龍圖案，俗稱「龍洋」。後各省設局紛紛效仿。流傳至今品種較多，根據其版別不同市場交易價不等。

造幣總廠光緒元寶庫平七錢二分

直徑：3.95公分	厚度：0.23公分	重量：26.75克

宣統三年大清銀幣（壹圓）

直徑：3.9公分　　　厚度：0.25公分　　　重量：26.73克

雙柱洋

亦稱西班牙「燭臺洋」或「雙燭洋」，是西班牙統治墨西哥時期，利用墨西哥豐富的銀礦鑄造的銀幣。

早在清康熙年間（公元 1662－1722 年），雙柱洋就大量流入中國。由於銀元有劃一的成色、重量、固定的面值，加之計算方便，因此深受民間歡迎。在中國自鑄銀元出現前，流通廣泛，實際上起著中國主要通貨的作用。

雙柱洋

直徑：2.05公分

厚度：0.1公分

重量：3.3克

雙柱洋

直徑：3.85公分

厚度：0.23公分

重量：27.8克

鷹 洋

亦稱墨西哥「墨洋」或「墨銀」，由墨西哥鑄造。

鷹 洋
直徑：3.86公分
厚度：0.25公分
重量：27克

站人洋

亦稱「杖洋」由英國鑄造。

站人洋
直徑：3.89公分
厚度：0.25公分
重量：26.6克

坐 洋

亦稱「安南銀元」，由法國鑄造。幣面爲自由女神坐像，故稱「坐洋」。

坐 洋
直徑：3.9公分
厚度：0.25公分
重量：27克

日本銀圓

公元1870年日本政府鑄造銀幣參與了中國的經濟貿易，主要在廣東、廈門、福州、九江、南昌、汕頭等地流通。重量在26.95克，幣面有中文「一圓」「十錢」「五錢」等字樣，錢背有龍的圖案。

日本銀幣
直徑：1.83公分
厚度：0.12公分
重量：2.8克

日本銀幣
直徑：3.9公分
厚度：0.25公分
重量：27克

　　如今古玩市場常有稀奇古怪的贋品出現。如號稱民國三十四年（1945年）中央造幣廠昆明分廠鑄造的銀質方塊幣，純屬臆造。當時由於連年戰爭和通貨膨脹，國民政府為了挽救日益衰敗的財政，發行過類似形狀的金屬貨幣，但不是銀質，而是金質。此種金質塊幣金質純正，鑄造工藝複雜，先機器衝壓，再稱量，然後手工打製而成。此幣尺寸：寬3.2公分，高2.55公分，厚度0.2公分，重量30.9克（幣背計重為舊時16兩制），面文橫置三行「中央造幣廠，昆明分廠鑄，民國卅四年」，幣背文字同為三行「古布圖，KM8590，成色997.3，重量0.989兩」。

　　古玩市場出現的類似形狀銀質方塊幣，其實是一枚混合金屬的現代臆造幣，筆者提醒集幣愛好者不要輕信錢幣販子的「神奇」故事，以免上當受騙。

（正面圖）　　　　　（反面圖）　　　（側面圖）

金質方塊幣

寶　銀

即元寶。元寶有金、銀二種，一般所見多爲銀質，重量、大小不等，歷朝參與流通，到了民國逐漸退出流通領域，金元寶象徵財富僅供收藏，極少流通。清代小銀元寶可能是用於大眾消費小額支付。

小元寶（銀制）
重量分別爲3.9克與3.85克

民國時期，由於社會政治和經濟處於大動盪時期，通貨膨脹造成貨幣極度貶值，民間爲了盡可能減少損失，選擇購買黃金儲藏保值，當時上海有實力的銀樓，如裘天寶、老鳳祥等也發售過金塊，民間通稱「硬貨」。此金塊的高度1.9公分，寬度1公分，厚度1.05公分，重量15.65克。金塊面文爲「丙裘天寶天足赤」，背面文字是「門021，500」。

（放大圖）　　　　　　　　　　　（原大圖）

金　塊

第十四章

紙 幣

　　中國紙幣發展進程開始於北宋的「交子」、「錢引」，接著南宋印製推行了「會子」、「關子」，此後金、元、明、清等朝代均印製發行紙幣。當然，宋以後清以前在商品交易中紙幣還不是主流貨幣，到了民國初期貨幣流通還是以銀幣、銅元為主。民國後期紙幣發行幾乎氾濫，造成了嚴重的貨幣貶值，引發了通貨膨脹，出現了商品交易要用車拉肩挑紙幣的怪現象。

　　民國時期發行的紙幣品種繁多，面值從壹分到上萬，特別複雜，本書受篇幅所限，不再贅述。特選取部分民國時期發行的紙幣圖樣以饗讀者。

民國時期發行的紙幣

民國時期發行的紙幣（續）

民國時期發行的紙幣（續）

第十五章

部分外國錢幣

　　中國的貨幣文化博大精深，不但在中國歷史進程中起到了積極推動作用，而且還影響到周邊的鄰國，如日本、朝鮮、越南等，他們的鑄幣不但與中國鑄幣相似，有的還起用了中國的年號，這些上至8世紀，下至20世紀初的貨幣，還一併加入了中國貨幣當中參與流通。因此，初涉錢幣收藏者要仔細加以區分，以免混淆。

元豐通寶（日本）

天寶通寶（日本）

寬永通寶（日本）

文久永寶（日本）

常平通寶（朝鮮）

洪德通寶（越南）　　　　　　　　　　保大通寶（越南）

常平通寶（朝鮮）

明命通寶（越南）

太平通寶（越南）

嘉隆通寶（越南）

　　花錢是民間流傳的正反二面鑄有各種圖案或吉語的古幣。這類錢幣歷朝歷代官方與民間均有鑄造，雖具有錢幣形態，但一般不作流通，僅供饋贈、佩帶、玩賞。它表達了人們對美好生活的嚮往，同時民間還深信它能帶來好運和驅邪避災，因而深受歷朝百姓愛戴而延續不衰。這些錢幣在舊時稱爲壓勝錢或厭勝錢，民間俗稱「花錢」或「吉語錢」。花錢涉及社會生活的各個領域，材料有金、銀、銅、錫、牙、骨、石、木、琉璃等，多種多樣，但絕大部分爲銅質。大小懸殊，大者如面盆，小者似雞眼。用途亦各不相同，一般分紀念品、壓勝品、上樑品、供養品、吉語品、成語品、戲作品、錢文品等。錢形有圓形和異形。圖案花紋十分豐富，涉及面廣，有歷史、地理、宗教、神話、民俗、娛樂、書法、美術、工藝等。現今存世的花錢絕大多數是民間祖傳，也有少量出土品。中國歷朝歷代民間就有收藏花錢的習俗，因而流傳民間的花錢種類非常豐富，這爲研究中國的民俗文化提供了寶貴的實物。

　　目前古玩市場交易火爆，一枚較好品相的花錢開價台幣成千上萬元已成常事。但是贗品不少，主要特徵：銅質生硬，感覺厚重，火氣較重，落地聲音清脆。收藏者在購買時要認真審視，避免上當受騙，切記不要輕信對方編造的故事，造成經濟損失。

各類材料的中國花錢

　　各類幣材的歷代花錢從不參與市場流通，更未行使過貨幣職能，卻能在民間代代流傳，其主要原因就是錢上的文字吉祥如意，表述了人們對生活的美好願望。同時它的幣材多種多樣，從現有留存的各種花錢幣材來看，它反映了我們先人的聰明和智慧，同時又體現了我們的民俗文化光彩奪目的一面，堪稱世界一流。

富貴榮華（木質）
直徑：2.95公分
孔徑：0.65公分
厚度：0.35公分
重量：1.3克
（此幣是錢幣大師馬定祥舊
藏，由馬傳德先生提供）

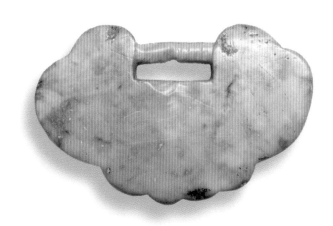

日月長命（石質）
寬度：7.75公分　　高度：4.8公分　　厚度：0.4公分　　重量：46.6克

第十六章　中國花錢

金銀財寶背千倉萬箱（銀質手工雕琢）

| 直徑：1.75公分 | 孔徑：0.3公分 | 厚度：0.2公分 | 重量：3.4克 |

長命富貴（金質）

| 直徑：5.2公分 | 高度：4.2公分 | 厚度：0.8公分 | 重量：17.3克 |

文光射斗（銀質）

| 直徑：3.27公分 | 孔徑：0.5公分 | 厚度：0.1公分 | 重量：5.8克 |

福如東海背壽比南山（銀質）

| 直徑：2.5公分 | 孔徑：0.4公分 | 厚度：0.12公分 | 重量：2.15克 |

長命富貴背八卦圖（錫質）

| 直徑：3.5公分 | 孔徑：0.6公分 | 厚度：0.15公分 | 重量：8.6克 |

三公仙山（石質）
直徑：3.4公分
孔徑：0.4公分
厚度：0.6公分
重量：10.9克

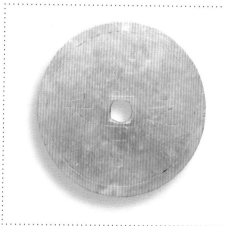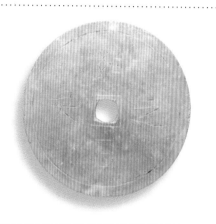

如日之升背如月之行（翡翠質）

直徑：4.65公分　　孔徑：0.6公分　　厚度：0.65公分　　重量：26.9克

（由張運強先生提供藏品）

琉璃花錢

直徑：4.25公分　　孔徑：0.7公分　　厚度：0.65公分　　重量：8克

（由柯昌建先生提供藏品）

錢文花錢

　　錢面鑄有與歷朝年號相同的錢文，錢背鑄有人物、圖案及吉語文字的方孔圓錢，稱錢文花錢。此類錢幣雖然錢文與流通錢相同，卻不作流通，僅供饋贈、佩帶、玩賞之用，錢文有真、草、隸、篆、行等書體。

光緒通寶背長命富貴			
直徑：3.1公分	孔徑：0.6公分	厚度：0.13公分	重量：6克

康熙通寶背滿文			
直徑：2.85公分	孔徑：0.55公分	厚度：0.13公分	重量：5.6克

太平通寶背平安吉利			
直徑：1.47公分	孔徑：0.35公分	厚度：0.9公分	重量：1.3克

太平通寶背招財利市

| 直徑：4公分 | 孔徑：0.65公分 | 厚度：0.25公分 | 重量：20.9克 |

周元通寶背龍鳳圖案（白銅）

| 直徑：2.6公分 | 孔徑：0.65公分 | 厚度：0.15公分 | 重量：5.7克 |

五行大布背七星龜蛇劍圖案

| 直徑：2.65公分 | 孔徑：0.6公分 | 厚度：0.15公分 | 重量：5.6克 |

大泉五十背七星龜蛇劍圖案			
直徑：1.8公分	孔徑：0.67公分	厚度：0.11公分	重量：2克

泰和重寶背龍圖案			
直徑：4.4公分	孔徑：1.25公分	厚度：0.3公分	重量：21.65克

　　正德是明代皇帝朱厚照（公元1506～1521年）即位後的年號。據考，正德年間幾乎沒有鑄過年號錢，貨幣流通推行紙鈔，與前朝銅錢並行。但傳世卻留有大小不等數以萬計的「正德通寶」古幣，並且錢背有素背、龍鳳或單龍單鳳等版別，花樣極多。經研究證實此類「正德通寶」大部分屬明末、清初民間私鑄品，也有少量官爐鑄品。據傳，正德皇帝爲游龍，佩帶「正德通寶」渡江河湖海，無波濤之厄運，能避邪，賭錢不輸還會贏，故有人以重金求購正德錢，這樣自然會引起民間大量盜鑄，這也是「正德通寶」存世甚多的主要原因。

　　歷代錢譜將「正德通寶」歸屬錢文花錢類。其材質爲黃銅。現古玩市場按大小品種不同，售價在750元—30000元台幣之間。但贋品不少，大多銅質火氣未褪，文字浮糙，無自然光澤。古幣愛好者在購幣時，宜審慎待之。

正德通寶背龍鳳圖案（大尺寸）

直徑：5.4公分　　厚度：0.34公分　　重量：55克

正德通寶背龍鳳圖案
（小尺寸）
直徑：3.22公分
孔徑：0.6公分
厚度：0.2公分
重量：9克

乾隆國寶背花紋，屬錢文花錢

直徑：4.8公分　　孔徑：0.65公分　　厚度：0.53公分　　重量：63.1克

此幣是錢幣大師馬定祥舊藏，由馬傳德先生提供

天啟通寶背天下太平，屬錢文花錢

直徑：4.55公分　　　孔徑：0.85公分　　　厚度：0.25公分　　　重量：32克

此幣是錢幣大師馬定祥舊藏，由馬傳德先生提供藏品

吉語花錢

錢面錢背均鑄有吉語文字或錢背鑄有人物、圖案的方孔圓錢或圓孔圓錢，稱吉語花錢。其表達的意義多種多樣，如「天子萬年、天下太平、一統江山」，「福如東海、壽比南山」，「日日生財、天天見喜」，「早生貴子」，「一品當朝、狀元及弟」等等，此類錢幣不作流通，僅供饋贈、佩帶、玩賞之用，錢文有真、草、隸、楷、行、篆等書體。

福壽長春背老安少懷

直徑：4.85公分　　　孔徑：1.25公分　　　厚度：0.3公分　　　重量：32.9克

長命富貴背福壽			
直徑：4.6公分	孔徑：0.8公分	厚度：0.25公分	重量：26.6克

吉祥如意背百壽
直徑：2.75公分
孔徑：0.5公分
厚度：0.15公分
重量：5.7克

福如東海背壽比南山
直徑：2.7公分
孔徑：0.5公分
厚度：0.15公分
重量：5.1克

時時見喜背日日生財
直徑：2.65公分
孔徑：0.5公分
厚度：0.15公分
重量：5.5克

夫妻和偕（諧）背松
柏長青
直徑：2.7公分
孔徑：0.7公分
厚度：0.8公分
重量：7克

金玉滿堂背妻財子祿
直徑：3.1公分
孔徑：0.55公分
厚度：0.27公分
重量：12.6克

錫爾繁禧背受天百祿

直徑：3.95公分　　孔徑：0.67公分　　厚度：0.2公分　　重量：14.9克

天子萬年背太平一號

直徑：3.9公分　　孔徑：0.6公分　　厚度：0.2公分　　重量：21克

筆者收藏的「喜生貴子」花錢有母錢和子錢二種。觀母錢與子錢的錢貌可以斷定其為清代之物。母錢為黃銅鑄成，直徑4.9公分，錢面孔徑0.73公分，背孔徑0.9公分，重量32.9克，厚度0.3公分，面幣緣章0.7公分，背幣緣：0.6公分。錢文錢緣規整，字口深而斬，書體走勢流暢俊挺，清晰乾脆，毫不含糊。錢背「五童子」嬉鬧場景生動清晰，連孩童眼珠亦可見。正反二面地章光潔平整，無流銅，具備拔模斜度。該子錢直徑4.8公分，錢面孔徑0.7公分，背孔徑0.8公分，重量27.4克，厚度0.2公分，面幣緣0.6公分，背幣緣0.6公分。對比後可以看到子錢通體不規矩，走形，書體走勢軟、圓、無棱角，筆劃粘連，錢背「五童子」嬉鬧場面不清晰，無拔模斜度，尤如一團模糊的遊雲。透過母、子花錢的對比，可以掌握它們的不同特徵，對初涉古幣者在集藏研究過程中會有所啓發。

「喜生貴子」母錢

「喜生貴子」子錢

154

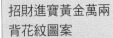
招財進寶黃金萬兩
背花紋圖案
直徑：4.35公分
孔徑：0.9公分
厚度：0.2公分
重量：19克

正反壽字花錢
直徑：4.7公分
孔徑：0.9公分
厚度：0.25公分
重量：30克

景星慶雲背海水、七星、祥雲圖
直徑：5.3公分　　孔徑：0.75公分　　厚度：0.25公分　　重量：40克
（由張運強先生提供藏品）

勅（敕）命之寶背家敦孝友

直徑：5.93公分　　　孔徑：0.85公分　　　厚度：0.27公分　　　重量：53克

連生貴子背圖案

直徑：5.15公分　　　孔徑：0.85公分　　　厚度：0.3公分　　　重量：37.3克

百祿福壽背人物圖案

直徑：7.7公分　　　孔徑：1.2公分　　　厚度：0.25公分　　　重量：78.6克

玉堂富貴背圖案			
直徑：5.35公分	孔徑：0.8公分	厚度：0.3公分	重量：47.2克

長命富貴背五子登科
直徑：4.32公分
孔徑：0.81公分
厚度：0.3公分
重量：30.8克

紫氣東來背鴻圖燕喜
直徑：4.1公分
孔徑：0.55公分
厚度：0.2公分
重量：28.8克

狀元及第一品當朝背福和圖案

直徑：4.55公分　　孔徑：0.9公分　　厚度：0.2公分　　重量：20.3克

五福集祥背圖案
直徑：4.1公分
孔徑：0.7公分
厚度：0.3公分
重量：26克

壽比南山背龍門圖案
直徑：3.85公分
孔徑：0.65公分
厚度：0.2公分
重量：12.8克

長命富貴背金玉滿堂

直徑：5.2公分　　　孔徑：0.9公分　　　厚度：0.25公分　　　重量：36.25克

福壽雙全背五福拜壽圖案

直徑：5.15公分　　　孔徑：0.9公分　　　厚度：0.23公分　　　重量：32克

　　華封三祝意爲華州（今陝西華縣）人對上古賢者唐堯的三個美好祝願：祝壽、祝富、祝多男子，合稱三祝。後人以此作爲吉語。

華封三祝背圖案

直徑：2.7公分　　孔徑：0.5公分　　厚度：0.15公分　　重量：5.2克

一品當朝背龍鳳圖案

直徑：3.25公分　　孔徑：0.6公分　　厚度：0.2公分　　重量：10.7克

堆金積玉背發福生財

直徑：5.25公分　　孔徑：0.75公分　　厚度：0.4公分　　重量：57.6克

（由張運強先生提供藏品）

加官進祿背十二生肖圖案

| 直徑：5.6公分 | 孔徑：0.9公分 | 厚度：0.2公分 | 重量：28.2克 |

連中三元背一品當朝

| 直徑：4.5公分 | 孔徑：0.57公分 | 厚度：0.25公分 | 重量：24.8克 |

春風似剪背秋露如珠

直徑：2.95公分

孔徑：0.55公分

厚度：0.2公分

重量：6.7克

榮華富貴背桂子蘭孫

直徑：3.85公分　　孔徑：0.8公分　　厚度：0.2公分　　重量：13.4克

萬象回春背保佑命之

直徑：4.4公分　　孔徑：0.5公分　　厚度：0.25公分　　重量：20.7克

（由張運強先生提供藏品）

一品當朝背百子千孫（厚片）

直徑：3.2公分　　孔徑：0.7公分　　厚度：0.5公分　　重量：24.85克

狀元及第錢背上鑄有「福」字，下鑄有鹿和仙草圖案，鹿的諧音是「祿」，仙草意爲「壽」，合在一起是「福、祿、壽」的意思，祈望日後能中狀元，升官發財。屬吉語花錢，不作貨幣流通，僅供民間佩帶、玩賞。此幣是合肥張運強先生提供藏品。錢幣直徑5.2公分，孔徑0.8公分，厚度0.3公分，重量40.3克，黃銅鑄成，屬清代之物。

狀元及第花錢

　　大型花錢「天下太平」，錢幣直徑7公分，孔徑1.5公分，厚度0.3公分，重量65克，屬宋、元時期的遺物。「天下太平」是迎合奉承統治者的玩賞花錢，可歸於吉語花錢類。此花錢小者多，大者罕，7公分以上者尤爲罕見。參考近年來拍賣會及民間交易行情，此大型花錢在古玩市場售價爲25000～60000元台幣。

天下太平花錢

鏤空花錢

　　錢面、錢背均鑄有通透人物、花紋圖案的圓孔圓錢，稱鏤空花錢或玲瓏錢。此類錢幣從漢代至清代均有鑄造，絕大部分是圖案，無文字，圖案喜慶與吉祥，一般鑄有雙龍戲珠、龍鳳呈祥、雙獅戲球、花草與魚等。不作流通，僅供饋贈、佩帶、玩賞之用。

梅花圖案花錢			
直徑：3.65公分	孔徑：0.98公分	厚度：0.16公分	重量：7.45克

花卉圖案花錢			
直徑：5.9公分	孔徑：0.9公分	厚度：0.2公分	重量：35.65克

雙龍圖案花錢

直徑：6公分	孔徑：1.1公分	厚度：0.18公分	重量：25.8克

梅花圖案花錢

直徑：4.75公分	孔徑：0.87公分	厚度：0.2公分	重量：17.3克

雙鳳圖案花錢

直徑：5.1公分　　　孔徑：0.87公分　　　厚度：0.2公分　　　重量：29.7克

雙龍圖案花錢

直徑：6.1公分　　　孔徑：1公分　　　厚度：0.2公分　　　重量：36.8克

雙鹿圖案花錢			
直徑：5.3公分	孔徑：0.8公分	厚度：0.2公分	重量：26.5克

雙鳳圖案花錢			
直徑：6公分	孔徑：1.1公分	厚度：0.18公分	重量：25.8克

雙魚圖案花錢

直徑：5.3公分　　孔徑：0.82公分　　厚度：0.22公分　　重量：25.5克

雙鹿圖案花錢

直徑：6.35公分　　孔徑：0.8公分　　厚度：0.3公分　　重量：54克

雙獅圖案花錢

直徑：5.6公分	孔徑：0.85公分	厚度：0.2公分	重量：29.7克

打馬格錢

　　錢面、錢背均鑄有漢唐名將或以名馬圖案的方孔圓錢，稱打馬格錢。此類錢幣宋、元、明、清均有鑄造，不作貨幣流通，僅供下棋、玩賞之用。

銅雀晨梟

直徑：3.23公分	孔徑：0.65公分	厚度：0.25公分	重量：13.7克

無文花錢

錢面、錢背均鑄有人物或花紋圖案、無文字的方孔圓錢，稱無文花錢。無文花錢多鑄於明、清二代，其他朝代相對較少，內容多爲民間故事或傳說等，此類錢幣不作流通，僅供饋贈、佩帶、玩賞之用。

周處斬蛟背田真荆屬無文方孔圓形花錢。民國時期丁福保著《古錢大辭典》中將此幣定價爲三塊銀元，而今《中國花錢譜》將它定爲中級，可見此幣在花錢中也是比較少見的一種。目前在古玩市場上的售價在 10000 元台幣左右。此幣直徑 4.95 公分，孔徑 0.5 公分，厚度 0.34 公分，重量 38.1 克，爲黃銅質。

錢的正反兩面鑄有圖案。一面鑄有周處手握寶劍斬蛟。傳說周處是西晉初年江蘇宜興原東吳名將周魴之子，字了隱，少孤。周處年輕時，力大無比，性情蠻橫，爲禍鄉里。有一年風調雨順，豐收在望，可是百姓卻無豐收的喜悅，總是愁眉苦臉。周處覺得奇怪，問一位老人：「年景這麼好，大家爲何還不高興呢？」老人便直言相告：「如今『三害』不除，百姓無一日安寧！『三害』爲南山白額虎、長橋蛟，再加上你一個。」周處聽了，大吃一驚，因鄉里百姓將他與兩害相提並論而羞愧，於是暗下決心，痛改前非，爲民除害。他上山刺虎，下水斬蛟，爲宜興人民除去了虎蛟兩害，得到宜興人民的稱頌。並且在東吳名士陸雲的指導下，發憤讀書，終於一代名臣，後奉命西征，戰死沙場。周處浪子回頭、改過自新的故事成爲人們教育後代的極好教材。

花錢的另一面，鑄有三人立於樹下，是傳說中的「田真哭荆」。說的是古代陝西臨潼有田真三兄弟共議分家之事，財產均分停當，唯有屋前一棵紫荆樹未分，三兄弟商議明日砍倒此樹，各鋸一段。不想次日早晨紫荆樹枯死，如同火燒一樣，兄弟三人見後大驚，田真哭曰：「樹本同株，聞將分斫，所以憔悴，是人不如木也。」三人相擁而泣，遂不再分，於是互相幫助，興家立業。樹自然又欣欣向榮，枝繁葉茂。後人常用此典故贊兄弟之間和睦相處。

兩個故事透過簡單畫面巧妙展現於一枚古幣上，讓後人得以啓迪。但願這兩個美好的故事代代相傳，不致湮沒無聞。

周處斬蛟背田真哭荆

此枚無文花錢面四圖背無文，圓孔圓形，直徑3公分，孔徑0.8公分，厚度0.3公分，重量13克，屬無文花錢類。此枚花錢的錢背類似漢代王莽的「大泉五十」的錢型，錢面圖案類似商、西周青銅圖案，初步考證此枚無文花錢的鑄造年代為漢代早期或中期，不會晚於漢代，而留存至今的花錢一般多見於明、清兩代，其他歷朝歷代相對要少，尤其漢代以上的花錢就顯得更加罕見。此枚無文花錢歷代譜無載，為僅見品，它的文物價值及經濟價值不可小覷！

無文花錢

八卦花錢

八卦花錢即錢面或錢背鑄有乾、坤、震、巽、坎、離、艮、兌「八卦」卦文圖案的方孔圓錢，它象徵「天、地、雷、風、水、火、山、澤」八種自然現象。八卦兩兩相疊，演變為六十四卦，象徵自然現象和社會現象的變化與結合。此類錢幣不作流通，僅供饋贈、佩帶、玩賞之用，借以鎮壓邪氣，避災免禍，祈求平安。

龍鳳背八卦

直徑：5.1公分　　　孔徑：0.7公分　　　厚度：0.23公分　　　重量：33.5克

面上己下蛇圖背八卦圖（筆者認為，此處「己」應為「巳」，「己」字可能係民間錯鑄）

直徑：3.2公分　　　孔徑：0.7公分　　　厚度：0.15公分　　　重量：7.5克

長命富貴背八卦圖

直徑：3.3公分　　　孔徑：0.64公分　　　厚度：0.15公分　　　重量：10.4克

十二生肖背八卦圖

直徑：4.6公分　　　孔徑：0.9公分　　　厚度：0.22公分　　　重量：22.1克

康熙通寶錢面八卦背滿文（手刻）
直徑：2.7公分
孔徑：0.55公分
厚度：0.15公分
重量：4.8克

異形花錢

異形花錢指各種非圓形的花錢。此類錢幣不作流通，僅供饋贈、佩帶、卜卦、驅邪、玩賞之用。

春至人間花弄色背寶相花圖

直高：6.55公分　　橫徑：4公分　　厚度：0.22公分　　重量：29克

福背福
直高：4.5公分
橫徑：2.65公分
厚度：0.5公分
重量：32克

十二生肖背八卦圖

直高：5.65公分　　　橫徑：4.55公分　　　厚度：0.17公分　　　重量：22.3克

福如東海壽比南山背八卦圖

直高：5.2公分　　　橫徑：4.17公分　　　厚度：0.2公分　　　重量：21.7克

辟邪背降福

| 直高：3.85公分 | 橫徑：3.95公分 | 厚度：0.2公分 | 重量：12.35克 |

天子萬年背花紋圖案

| 直高：4.15公分 | 橫徑：4.8公分 | 厚度：0.27公分 | 重量：28克 |

福壽雙背富貴全

| 直高：4.75公分 | 橫徑：2.9公分 | 厚度：0.2公分 | 重量：12.6克 |

孟中哭竹背王祥臥冰亦屬異形花錢。其正面「孟中哭竹」源於中國古代二十四孝典故。說的是三國時期江夏有個叫孟中的人，自幼喪父，母親含辛茹苦拉扯他長大成人，終因年老成疾，身患絕症，醫囑用鮮竹筍作藥引熬湯，服後病體可康復。可是當時正值寒冬臘月，要得到初生鮮竹筍談何容易。孟中獨自來到竹林深處，想到母親的養育之恩，又不能盡一份孝道，越想越難過，便嚎啕大哭。考心感動天地，頃刻地裂生筍數株。孟中轉悲爲喜，忙刨鮮竹筍而歸，熬湯奉母，服後母體病癒，此事被鄉里廣爲傳頌，成爲一段佳話。

　　錢背同樣鑄有中國古代二十四孝典故之一《王祥臥冰》的圖案。晉代王祥，字休征，臨沂人。早年喪母，與繼母生活在一起，奉行孝道，而繼母朱氏不慈愛，常在其父面前數落王祥的不是，因此使王祥失去了父親的疼愛。一日，繼母想吃鮮魚，當時天寒地凍，王祥來到湖上解衣臥於冰面，以體溫化冰求魚。忽然冰面迸裂，有兩條鯉魚躍出。王祥大喜，持魚而歸，煮魚給繼母服吃。從此，繼母悔悟，待王祥如親子。

　　此古花錢屬清代之物，銅質，直高5.6公分，橫徑3.9公分，厚度0.12公分，重量20.6克。此幣在古玩市場以品相優劣，售價在3000元台幣左右，但贋品不少，提醒收藏者購時要認真審之。

孟中哭竹背王祥臥冰

孟宗哭竹背孟宗在竹林深處圖案

直高：5.05公分　　　橫徑：3.5公分　　　厚度：0.27公分　　　重量：28克

天府背蟾宮圖案

直高：6.85公分　　　橫徑：4.85公分　　　厚度：0.23公分　　　重量：38.3克

諸神回避背驅邪降福

直高：5.7公分　　　橫徑：4.15公分　　　厚度：0.2公分　　　重量：26.9克

長命富貴背金玉滿堂

直高：4公分　　　橫徑：5.53公分　　　厚度：0.25公分　　　重量：25.9克

長命富貴背天長地久

| 直高：4.55公分 | 橫徑：6.3公分 | 厚度：0.27公分 | 重量：33.7克 |

人物背花紋圖案

| 直高：6.1公分 | 橫徑：4.3公分 | 厚度：0.4公分 | 重量：32.5克 |

桂背桂			
直高：6.9公分	横徑：5公分	厚度：0.3公分	重量：49.3克

秘戲錢

錢面鑄有風花雪月，錢背鑄有男女合歡圖形的錢幣，稱秘戲錢。歷代錢譜將此類錢幣歸屬花錢類，不作流通，僅供新婚夫妻觀賞之用。

秘戲錢的尺寸大致可分為三種，大的直徑為6.4公分；中的直徑為3.8公分。作者藏有的是枚小的，直徑為2.8公分，厚度0.18公分，孔徑0.62公分，重量9.15克。銅質材料澆鑄而成。類似這種古幣還有「清河肖孺」、「花月宜人」、「明皇御影」等，有的正反二面均鑄有男女合歡的不同圖形。研究說明這類古幣不作貨幣流通，是古代長者授於新婚子媳，作為傳授房事的直觀教具之用，以求子孫綿延。

秘戲錢

象棋錢

　　錢面或錢背鑄有車、馬、炮、士、將、兵文字或圖案的花錢，稱象棋錢。其材料有銅、瓷、木、牙、金、銀等，這類象棋錢最早始於宋代，不作流通，僅供娛樂、觀賞之用。

士背士

| 直徑：3.5公分 | 厚度：0.47公分 | 重量：23克 |

咒語錢

　　錢面、錢背鑄有咒語符文並聲稱能驅邪降福、擒妖鎮宅的錢幣，稱咒語錢。此類錢幣不作流通，僅供佩戴、玩賞之用。

咒語錢

| 直徑：4.2公分 | 孔徑：0.55公分 | 厚度：0.21公分 | 重量：21.55克 |

咒語錢			
直徑：4.72公分	孔徑：0.85公分	厚度：0.3公分	重量：37.45克

咒語錢			
直徑：4.5公分	孔徑：0.93公分	厚度：0.2公分	重量：31.1克

驅邪降福背圖案			
直徑：4.55公分	孔徑：0.95公分	厚度：0.19公分	重量：19.6克

生肖錢

　　錢面或錢背鑄有十二生肖（鼠、牛、虎、兔、龍、蛇、馬、羊、猴、雞、狗、豬）或十二地支（子、丑、寅、卯、辰、巳、午、未、申、酉、戌、亥）的錢幣，稱生肖錢。此類錢幣不作流通，僅供佩戴、玩賞之用。

十二生肖背人物圖案

直徑：7.4公分　　　孔徑：1公分　　　厚度：0.35公分　　　重量：73.65克

上樑錢

古代建房或造屋時用於驅凶避邪鎮宅的各類形狀的錢幣，稱上樑錢。錢文一般取「吉星高照」「天下太平」等吉語。此類錢幣不作流通，僅供民間建房或官方建造宮殿、廟宇上樑懸掛之用。

此上樑錢為已故錢幣大師馬定祥舊藏，由馬傳德先生提供

直高：5.5公分　　　橫徑：2.3公分　　　厚度：0.23公分　　　重量：181.1克

錢文銅鏡

鏡背鑄有歷朝年號的銅鏡，稱錢文銅鏡。此類銅鏡不作流通，僅供古人日常之用。

大觀通寶銅鏡

直徑：4.2公分　　　厚度：0.2公分　　　重量：20.5克

第十七章

古 幣 辨 僞

　　識別作僞的古幣有多種門道。一看，二聽，三辨，是最常用的方法。

　　一看外觀。即觀察古幣形制、銅材、風格是否符合當時的製造特點。例如，漢代「三銖」的「銖」字金偏旁從「王」，背平無輪廓，形制較薄，重量約1.8克左右。僞品常用漢「五銖」改刻成「三銖」，但無法消除文字和形制上的差異。春秋戰國至宋代鑄造銅錢的材質，鉛、錫比例多於銅，一般泛青白色。明、清二代銅錢，材質泛黃，尤其是清咸豐時期，當二百以上的錢幣及福建局、新疆局鑄造的錢幣絕大部分採用紅銅鑄造，如果出現一枚黃銅鑄造的當千古幣，就要認真審之。

　　二聽聲音。古幣由於歷經千百年，火氣退盡，聲音一般沉悶無脆音，而現代贗品的銅質新而重。鑒定時可將其離地約10公分，輕摔於地面，聽其聲音，如聲音清脆，必假無疑。如聲音發悶，那是粘貼在一起的僞幣，即將二枚普通古幣背面或正面磨平，用膠黏合而成，再加修整，使其變成一枚稀少的「合背錢」或「合面錢」。

　　三辨鏽色。掌握辨別古幣鏽色的方法是十分重要的。窖藏錢幣在幾百年乃至上千年的埋藏過程中，受到水分、氧等影響，形成綠、紅、藍、褐、黑、黃等不同鏽色。例如，錢幣窖藏處潮濕，錢幣氧化快，銅質分解腐蝕嚴重，形成的氧化層疏鬆，多呈藍、綠二色，稱爲「孔雀藍」或「靛青藍」。一些礦藏豐富的地區出土錢幣還帶有稱「朱砂斑」的鏽色，它的形成與土壤中某些金屬元素有關。目前古玩市場出現的贗品鏽色各種各樣，據說，有的用鹽酸腐蝕後埋入土中，數年後「鏽色」變得好看誘人，上當者不乏其人。此外，錢幣在流通中掉入河塘中，受到河底淤泥中有機化合物的腐蝕，形成金屬有機物。若是鐵質，則表面呈灰黑色；若是銅質，則表面呈灰褐色。用於殉葬的錢幣一般錢體泛血色並稍帶黑色，這是由於古時爲防屍體腐爛，棺木中灌有水銀，錢幣與水銀以及屍體腐爛的有機物反應而形成的。還有一些古錢未入土，在民間留傳至今，錢體表面經長期摸捏把玩也能形成一層氧化層（在錢幣收藏界稱爲「包漿」），一般爲烏黑發亮，或呈棕褐色、棗紅色。作僞者將翻鑄品用火燒後放入兩層潮濕黃紙板中夾緊，冷卻後可形成此種鏽色，從而冒充傳世古幣。還有，將僞造好的古幣餵鴨，經過一段時間後，宰殺取出，使僞幣表體烏黑如漆，冒充傳世古幣。

　　筆者在多年的收藏實踐中，也曾遇到過不少僞品，有的粗製濫造，一望便知真僞；有的卻製作精細，幾可亂真。現將部分作僞古幣的圖片展示給讀者，並簡要介紹其特點，希望爲大家提高古幣辨僞能力助一臂之力。

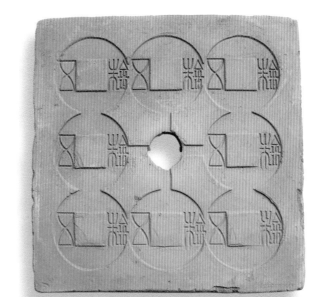

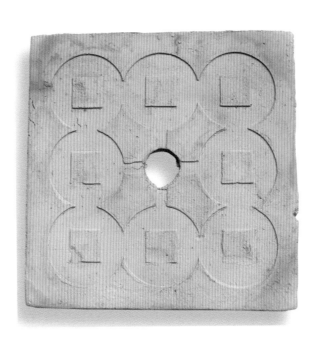

偽品「五銖陶範」

長度：7.4公分　寬度：7.45公分　孔徑：1公分　厚度：0.5公分　重量：42.4克

　　偽品特點：「五銖」陶範模的陶質生硬火氣燥，分量重，文字呆板，範模完全採用現代化的機器刻製而成。而真品陶質熟舊，文字自然飄逸，時代感強、完全手工刻製而成。

偽品金錢義記

直徑：4.1公分	孔徑：0.7公分	厚度：0.2公分	重量：17.65克

　　偽品特點：偽品「金錢義記」鑄造後經過化學處理，變成生坑綠鏽，通體無自然光質，蠟質感強。真品多爲傳世品。

偽品集換局票

直徑：5.43公分	孔徑：0.83公分	厚度：0.4公分	重量：54.3克

　　偽品特點：偽品「集換局票」鑄造有一定年頭，文字軟弱無力，字口內污垢用膠粘堆不易撬動，欺騙性強。

偽品銀元（袁世凱）

直徑：3.9公分　　　厚度：0.22公分　　　重量：23克

　　此銀元係民國時期偽作，銀元內心是黃銅，幣外包裹著很薄的一層銀片，吹聲不悅耳，重量與真幣相差4克左右。

偽品嘉慶通寶

直徑：2.43公分　　　孔徑：0.35公分　　　厚度：0.1公分　　　重量：3.6克

偽品特點：銅質生硬火氣燥、視覺浮誇、文字呆板、落地聲音乾脆，無時代感。

偽品正德通寶

直徑：4.25公分　　　孔徑：0.8公分　　　厚度：0.2公分　　　重量：18.3克

偽品特點：人為做成傳世包漿，幣面四小孔十分明顯係採用電鑽打眼而成，銅質感覺生硬火氣燥、視覺浮誇、文字呆板、落地聲音乾脆，無時代感。

偽品半兩（合背）

直徑：2.4公分　　孔徑：0.65公分　　厚度：0.2公分　　重量：5.2克

偽品特點：此幣採用二枚眞品「半兩」用膠黏合，再加修整而成，一般初涉者不容易鑑別。最簡便的鑑別方法是離地10公分左右輕摔於地聽其聲音，如有聲音沉悶，必假無疑。

偽品天命通寶、宣和元寶

直徑均為2.5公分　　厚度：分別為0.15公分和0.12公分　　重量：分別為3.75克和3.85克

偽品特點：此二枚錢幣銅質生硬，落地聲音乾脆，包漿不入骨，無時代感。

正所謂「亂世賣黃金，盛世興收藏」，近年來，隨著經濟的騰飛，百姓收入的提高，收藏已成爲一種新的投資方式。錢幣也和字畫、古玉、青銅器、瓷器等古董一樣有它的文物價值和經濟價值，所以也值得民間收藏者去追捧，去熱炒。

收藏也是一門學問，它涉及的範圍之大，程度之複雜非一般人所能想像。就說錢幣吧，人類有了商品交易便產生了貨幣，最早的貨幣流傳至今，已有上千年的歷史。錢幣品種多而繁，有官鑄的、有私鑄的、有舊仿的、有現代仿的，它涉及到的歷史背景複雜，需要你學習、瞭解它。

在尋覓它時，要看你有沒有識別它的慧眼和緣分，而不是 $1+1=2$ 那麼簡單。如今有不少民間收藏者被各類媒體宣傳報導弄昏了頭腦，爲利所驅，都想由撿漏淘到寶貝來發一次橫財，結果被騙，造成不必要的經濟損失。

記得幾年前安徽滁縣有位農民帶著錢譜在農村收購，隨後帶著一堆錢幣到安徽省文物總店要求鑒定並想出售手中的錢幣。當時文物總店的江主任打電話邀我鑒定，而鑒定結果都是些普通品，價值也不高，其中有一枚和錢譜能對上，書上注解是「雕母」，而他的那枚錢幣卻只是極其普通的子錢，怎麼解釋他還是半信半疑的。隨後他又拿出一張用鉛筆拓印出來的錢幣圖讓我看，是枚金代的「貞祐通寶」折二型錢幣，他說書上標價很高，不敢隨便露臉，如果價格談好，他可以賣給我。我看後認爲不錯，要他以後帶來。

他當天即趕回了滁縣把「貞祐通寶」錢幣藏在鞋底又來到了合肥，我一看即斷定是枚地地道道的贗品。你想想這樣一個錢幣盲能發財嗎？所以僅憑一腔熱血和點滴的皮毛知識照譜價玩收藏是不夠的，如果不去瞭解其文化內涵，不懂得什麼是古董，那麼你將成爲不法古董商的「衣食父母」。

筆者迷戀古錢幣收藏始於20世紀80年代初，當時家父所藏的一枚「寬永通寶」錢幣引起了我的注意。出於好奇，我翻閱了新華字典，問了身邊很多人，都沒有弄清它的出處。爲此我去了很多書店，最後在上海福州路上一家古籍書店中覓到一本丁福保著《歷代古錢圖說》，這才解開我心頭的疑問。

噢！這枚類似中國古代銅錢的錢幣原來是日本鑄造的古幣，而從那以後我便對古錢幣產生了濃厚興趣，而且一發不可收拾。之後，我又熟讀了錢幣專家彭信威著的《中國貨幣史》，丁福保著的《古錢大辭典》，孫仲匯著的《簡明錢幣辭典》等多種錢幣書籍以及相關的中國歷史書籍，從中學到了不少有關錢幣方面的知識。

在具體實踐操作過程中，從普通錢幣入手，每次花錢也不多，一般在5角至5元，

超過10元的錢幣我便十分小心了，盡可能請身邊行家幫著掌掌眼。閒暇之餘我又將各種不同鏽色錢幣相互對比，努力去瞭解古錢幣鏽色的成因。逐步提高鑒別能力後，我又開始涉及中檔錢幣，並且也十分小心。雖然如此，也免不了要「交學費」，但是我從不灰心，總結經驗，汲取教訓，在不斷探索中取得了真經。漸漸地，我開始收藏高檔錢幣，起初我也撿到過漏，淘到過寶貝，但這種機遇並不多，於是我轉變策略，首先說服身邊的藏家們轉讓藏品，只要以誠相待，在交易上採取大度態度，捨得出價，一般藏家都會割愛。

其次就是瞄準錢幣拍賣會，在具體操作中也悟到了不少「名堂」。比如在拍品預展時要認真審驗拍品，因為拍賣公司不是保險公司，也可能會有贗品。一旦有相中的錢幣就計畫去爭取，但是心中要有價位的底線，不能逞強更不能感情用事，切忌輕信拍賣會的成交記錄（就拍賣成交記錄而言，有私底下假拍的交易存在）。

只要頭腦清醒，外在因素就不會左右你的收藏趨向和思路。如果想出手的藏品，但市場不被接受，說明你收入的藏品有問題，應儘早吸取經驗教訓，調整收藏思路，才不至於成為贗品藏家。錢幣收藏更要切記不要盲目跟風，不要聽信錢商、捐客、托兒們的「忽悠」，要堅定意念，相信自己的眼力。對吃不準的藏品，寧可錯過，也不要輕易吃進。對於個別錢幣專家談出的看法，只能參考，不能迷信，要相信自己的眼力和判斷。

就這樣，透過自己的努力，我的藏品逐漸豐富起來。閒暇之餘，捧出心愛的錢幣細細品味，可謂「其樂無窮」，正如錢幣大師馬定祥所說「方圓乾坤裏，多少使人迷」。同時我又深深感到僅僅收藏還不夠，重要的是對每一枚錢幣進行深入探討和研究，形成自己獨特的見解。如果光整理你的錢品而不去研究，那麼只能算這些錢幣的保管員，毫無意義。所以我們愛好收藏的人，首先心態要平衡，量力而行，做到循序漸進，不斷學習，多看、多問、多思、多想，慢慢積累經驗，就會形成自己獨特的收藏見解，由外行到專家。

《錢幣鑑賞與收藏》一書的編撰，歷經一年多。筆者對自己20多年來收藏的上萬枚古幣進行了有針對性的挑選和整理，同時又獲得了同好們的支持，現今能順利出版，要感謝安徽科學技術出版社、安徽省錢幣學會以及各界好友馬傳聽、郭偉、柯昌建、李紹浩、張運強、李嵩山、王羊等對我的大力支持，謹此一併向諸位再次致謝！

由於水平有限，書中不當及疏漏之處在所難免，敬請各界專家、讀者指正。

作者：吳雄勝

國家圖書館出版品預行編目資料

錢幣鑑賞與收藏　／　吳雄勝　蔣 科　著
——初版，——臺北市，品冠文化，2013〔民102.01〕
面；26公分 ——（鑑賞系列；6）
ISBN 978－957－468－924－8（平裝）
1.古錢　2.中國
793.4　　　　　　　　　　　　　　101022957

錢幣鑑賞與收藏

著　　者／吳 雄 勝　蔣　　科

責任編輯／劉 三 珊

發 行 人／蔡 孟 甫

出 版 者／品冠文化出版社

社　　址／台北市北投區（石牌）致遠一路2段12巷1號

電　　話／（02）28233123 · 28236031 · 28236033

傳　　眞／（02）28272069

郵政劃撥／19346241

網　　址／www.dah-jaan.com.tw

E‐mail ／ service@dah-jaan.com.tw

承 印 者／凌祥彩色印刷有限公司

裝　　訂／建鑫裝訂有限公司

排 版 者／弘益電腦排版有限公司

授 權 者／安徽科學技術出版社

初版1刷／2013年（民102年）1月

定 價 ／ 600元